조선 수학의 신, 홍정하

조선 수학의 신, 홍정하

강미선 지음 | 권문희 그림

휴먼어린이

초대하는 글

역사 속 이야기로 맛보는 수학의 참맛!

7로 나누면 4가 남고 9로 나누면 3이 남고 11로 나누면 4가 남는 수 중에서 600보다 작은 가장 큰 수를 구하시오.

여러분 중에는 이 문제를 보자마자 침을 꼴깍 삼키며, "아싸~" 하고 달려드는 친구가 분명 있겠지만, "아, 짜증나. 그 수가 얼마인지가 도대체 나랑 무슨 상관이야? 누가 이딴 문제를 만들어서 나를 괴롭히냐고!" 하며 볼멘소리를 하는 친구도 있을 거예요. 골똘히 생각하며 문제를 풀던 친구라면 어른들께 이렇게 물어볼 수도 있지요.

"이 문제를 처음 만든 사람은 누구예요?"

이 같은 호기심을 기특하게 여긴 부모님이나 선생님은 활짝 웃으며, "아주 좋은 질문이야. 수학은 말이다, 아주 오래전부터 있어 왔단다. 고대 이집트 나일 강이 자주 범람해서 측량술이 발달했고……."로 시작해서, "고대 그리스에 탈레스와 피타고라스라는 수학자가 살았는데……." 등으로 거슬러 올라가며 먼 옛날, 주로 서양 수학의 역사를 들려주실지도 몰라요.

'아니, 그런 게 아니고……. 오늘 내가 풀고 있는 이 문제를 누가 처음 만들었냐는 건데……. 이런 문제는 대체 언제부터 등장한 걸까? 서양은 그렇다 치고, 우리 조상님들도 수학 문제를 풀었을까? 나처럼 수학 시험을 봤을까? 우리나라에 한글이 아직 없고 인도-아라비아 숫자가 전해지지 않았던 시대에는 숫자를 어떻게 나타냈을까?' 하는 궁금증이 자꾸 생기겠죠?

이런 궁금증에 대한 답답함을 풀지 못한 친구는 언제 만들어졌는지도 모르는 문제들을 끊임없이 마냥 풀고 있을 거예요. 서양 수학의 역사를 줄줄 꿰는 어른들도 정작 우리나라 전통 수학의 역사에 대해서는 알지 못하는 경우가 많아요.

우리나라에도 삼국 시대 이후부터 조선 시대까지 수학이 있었답니다. 물건의 개수와 값을 계산할 때는 물론, 땅의 넓이를 측정하고 세금을 계산할 때, 아름다운 건축물을 세울 때도 수학은 꼭 필요했거든요. 특히 세종대왕은 수학을 무척 중요하게 여겼기에 찬란한 과학기술 문명을 발전시킬 수 있었답니다.

이 책은 조선 시대의 대표적 수학자 홍정하가 쓴 《구일집》의 문제들을 300년 전 조선의 생활 속 다양한 수학 이야기로 꾸며 들려주는 수학 동화예요. 하지만 동화라고 해서 모든 이야기를 지어낸 건 아니에요. 조선의 수학 천재 홍정하가 중국의 유명한 수학자 하국주와 수학 문제 풀기 시합을 펼쳐 조선 수학의 자존심을 세운 이야기는 실제예요. 수학자 집안으로 유명했던 홍씨 가문의 홍정하와 그의 두 아들 이조와 이복, 유수석 등의 실존 인물도 등장하고, 수학에 대한 열정과 호기심으로 가득했던 가상의 인물, 똘이도 나온답니다.

주인공 똘이는 호기심 많고 꿈 많은 아이예요. 생활 속 문제를 해결할 수 있는 수학의 매력에 푹 빠져 그 참맛을 느끼는 아이랍니다. 하지만 안타깝게도 똘이는 체계적으로 수학을 배울 수 없는 처지예요. 똘이는 홍정하 집안의 마당쇠거든요. 신분제 사회인 조선에서는 홍정하처럼 중인이거나 양반만이 수학을 배우고 수학자가 될 수 있었어요. 그럼에도 조선의 수학 교수 홍정하는 수학에 대한 똘이의 열정을 그냥 지나치지 못해요. 문제 해결 방법을 직접 알려주기보다는 똘이가 스스로 수학의 매력을 느낄 수 있도록 자연스럽게 이끌어 준답니다.

조선의 수학을 동화로 구성한 이유는 무엇보다도 우리가 지금 배우고 있는 수학의 뿌리인 우리 조상들의 수학에 대해, 그리고 우리가 수학을 배워야 하는 이유에 대해 생동감 있게 느끼게 하고 싶어서예요. 문제 풀이에만 급급한 나머지 수학에 흥미를 잃어버린, 아직은 아니지만 어쩌면 머잖아 잃어버릴지도 모르는 여러분의 잠자고 있는 수학적 흥미를 일깨워 줄 테니까요.

홍정하와 똘이가 펼치는 조선의 수학 이야기를 따라가다 보면, 어느새 똘이처럼 스스로 문제를 해결해 가는 자신을 발견할 수 있을 거예요. 억지로 풀지 않아도 여러분의 수학적 사고력과 상상력이 절로 키워지는 경험을 맛볼 수 있답니다. '아하! 수학의 참맛은 이런 거구나.' 하면서 신 나게 책장을 넘기게 될 거예요.

이야기 속에 미처 담지 못한 조선 수학에 대한 이야기는 한 편의 동화가 끝나는 부분에 담아내었답니다. 조선 시대의 산가지를 비롯한 여러 가지 셈법, 조선의 물품 화폐, 측량 도구와 단위, 넓이 계산법, 조선 수학을 빛낸 수학자와 수학책 등 조선의 수학 이야기가 흥미진진하게 펼쳐 있어요. 이를 통해 예로부터 우리나라 수학자들은 어떤 일을 했는지도 알 수 있고, 지금 우리가 배우는 수학이 사실은 처음부터 공식으로 만들어져 있던 게 아니라 평범한 일상 속에서 나왔다는 사실도 자연스럽게 알 수 있을 거예요. 그뿐 아니라 우리에게도 조상 대대로 훌륭한 수학이 있었다는 자긍심을 갖게 될 거랍니다.

그렇다고 이 책 한 권을 다 읽었으니 수학을 더 잘하게 되었냐거나 조선 수학의 역사에 대해 제대로 설명해 보라는 말은 하지 않을게요. 단지 '만약 내가 똘이라면? 홍정하라면? 시장 상인이라면? 하국주라면?' 하는 생각으로 읽기를 바랍니다. 이야기 속 똘이와 당당히 수학 실력을 겨루어도 좋아요.

이 책을 다 읽고 덮을 때, 수학에 대한 느낌을 떠올려 보세요. 이 책을 읽기 전과는 분명 달라져 있는 자신을 느낄 거예요. 정말 그럴지 궁금하죠? 그럼, 지금 이야기 속으로 들어가 보세요!

2014년 8월
강미선

차례

초대하는 글　4

금지된 놀이　10
• 조선 수학의 자존심, 홍정하

마술 같은 마방진 한 판 어때?　24
• 조선의 홍정하, 중국 수학의 오류를 바로잡다!

쏟아진 환약　36
• 중국에서 생겨나 조선에서 빛난 산가지

나는야 조선의 수학자　46
• 수학을 사랑한 세종대왕

알쏭달쏭 과일 심부름　62
• 산가지로만 셈을 했을까?

네 나이가 몇인데?　70
• 우리나라의 수학 역사가 궁금해!

비단 가게에서 문제 풀기　82
• 조선의 물품 화폐와 계산법

봄이 아씨의 나비단   90
- 조선 수학을 빛낸 수학자와 수학책

할아버지의 부탁   102
- 어떤 수 x를 구하라!

누구 땅이 더 넓을까?   116
- 조선 시대에 땅의 넓이는 어떻게 구했을까?

달아난 일꾼   128

손해 보는 장사   138
- 조선의 측량 도구와 단위가 궁금해!

산학 문제 풀기 시합   146

홍정하와 하국주의 대결   152
- 조선과 중국의 숨 막히는 수학 배틀

소원   164

전설이 된 구일뜰이   166

이야기 속의 《구일집》 문제를 풀어 볼까?   174

참고 문헌   187

금지된 놀이

"너, 이리 와 보거라!"
하얀 얼굴에 뾰족한 턱을 가진 이조가 턱을 까딱까딱하며 똘이를 불렀다.
"나…… 말이오?"

"네놈 말고 누구를 불렀겠느냐?"

"생쥐같이 생긴 놈이 다짜고짜 모른 체하는 걸 보니 뭔가 켕기는 게 있는 모양이로구나!"

거무스름한 피부에 장난기 가득한 눈빛의 이복이가 깐족거렸다.

이조는 똘이와 동갑인 열두 살이고, 이복이는 열 살이다. 둘 다 똘이 또래이건만, 마당쇠 똘이에겐 받들고 모셔야 할 주인 홍씨네 아들들이다. 똘이가 모시고 있는 주인은 평민과 양반 사이에 낀 중인이다.

"왜……요?"

비록 노비일지언정 똘이는 동갑내기와 동생뻘 아이에게 존댓말은 하기 싫어 반말을 먼저 한 뒤 '요' 자만 붙였다.

"시치미 떼지 말고 산가지*부터 어서 내놔."

"산가지? 그게 뭔데……요?"

"흥! 어제 우리가 툇마루에서 산가지를 가지고 신 나게 놀 때 그걸 쳐다보는 네 눈빛을 내가 못 본 줄 아느냐?"

"맞아, 나도 분명히 봤어. 무슨 금은보석이라도 발견한 것처럼 두 눈이 반짝반짝 빛났다고!"

"나는 모르는 일이야……요."

"아니, 저게! 좋은 말로 할 때 어서 내놓으란 말이야."

형제가 똘이의 주머니를 뒤지려고 달려들었다. 똘이는 있는 힘을 다해 두 형제의 손을 뿌리쳤다.

바로 그때, 대문 열리는 소리가 들렸다. 홍씨 가문의 큰아들이자 두 형제의 아버지인 홍정하가 궐에서 퇴근하여 온 것이다.

"아버님, 오셨습니까?"

산가지 • 동양에서 계산을 할 때 쓰던 가는 나무 도구. 처음에는 대나무로 만들었다가 이후 굴러가지 않게 단면을 삼각형으로 만들었다. 길이는 약 7~15센티미터이다. 삼국 시대에 중국에서 들어와 구한말까지 쓰였다. 계산은 산가지로 하고, 종이에 숫자를 쓸 때는 한자로 적었다. 검은색 산가지는 양수를, 빨간색 산가지는 음수를 나타내기도 했다.

형제가 냉큼 달려 나가 아버지께 머리를 숙였다.

"대문 밖으로 큰소리가 들리던데, 너희끼리 몸싸움이라도 한 게냐?"

큰아들 이조가 아버지께 영문을 말하려는데, 똘이가 갑자기 서럽게 울었다.

"흑흑…… 저는 본 적도 없는 산가지인지 뭔지를 내놓으라고 둘이서 저를 막 밀치고…… 억울합니다요."

똘이는 홍정하가 평소 자신을 어여삐 여긴다는 걸 알고 선수를 쳤다.

"뭐, 밀쳤다고? 아버지, 거짓말이에요."

"어제 산가지가 통째로 사라졌는데 똘이 짓이 분명합니다."

홍정하가 작은아들에게 물었다.

"그렇게 말하는 근거가 무엇이냐?"

"먹지도 못할 산가지에 눈독 들일 만한 사람이라곤 저놈밖에 없으니까요!"

홍정하와 똘이의 눈이 딱 마주쳤다.

"너희 두 놈 다 내 방으로 들어오너라!"

하마터면 똘이도 따라 들어갈 뻔했다. 방으로 들어가던 이복이가 똘이에게 눈을 부라렸지만, 똘이는 아랑곳하지 않고 쪼르르 쫓아가 얼른 문지방 옆에 딱 붙어 앉았다. 그리고는 문에 귀를 바싹대고 방에서 나는 소리를 엿들었다.

❖ ❖

　홍씨 가문의 아들들은 젓가락질보다 산가지 잡는 법을 먼저 배웠다. 대대로 산학자* 집안이기 때문이다. 그런데 숟가락만큼 귀중한 산가지를 함부로 다루어 잃어버렸으니, 이는 결코 그냥 넘어갈 수 없는 일이다.
　무릎을 꿇고 있는 두 아들을 향해 홍정하가 낮고 엄한 목소리로 꾸짖었다.
　"산가지는 너희의 목숨과도 같다. 내가 몇 번이나 말했느냐?"
　"귀에 못이 박히게 말씀하셨습니다."
　큰아들이 대답했다.
　"왜 산가지가 목숨과 같으냐?"
　"저희는 증조할아버지와 할아버지 그리고 아버지의 뒤를 이어 산학자가 될 운명을 타고났으니까요."
　작은아들이 대답했다.
　홍정하가 낮은 한숨을 쉬며 말했다.
　"산학은 산학자에게만 필요한 게 아니다."

산학자 • 셈에 관하여 연구하는 사람. 호조에 근무하는 관리로서 산학 취재를 통해 임명되었다. 합격을 했지만 직급을 못 받은 사람들도 있었다. 돌아가며 직무를 수행하는 동안 현직에 있지 않아도 신분과 급여가 보장되었고, 업무 평가에 따라 관직을 정했다. 취재에 합격해서 훈도가 되려면 19.9년, 교수가 되는 데는 26년이 걸렸다. 근무 일수가 차면 품계가 올라가는데, 정3품 이상은 올라갈 수 없었다.
산학 취재 • 산학 기술관 선발 고시. 산학 취재는 1년에 4번 1, 4, 7, 10월에 실시되었고, 평균 1년에 4명 정도 합격했다.

"네?"

"정말입니까?"

"그렇단다. 산학 문제는 역관(천문 관련 일을 하는 관리)이나 의관(의사)을 뽑는 시험에도 꼭 나온다. 지금 역관을 지내고 계시는 너희 작은할아버지도 역관 시험을 보기 위해 산학을 공부하셨어. 계산은 모든 나랏일의 기본이기 때문이지. 양반들은 취미로 음양오행을 공부하기도 하지만, 우리 중인 산학자들은 세금을 계산하고, 토지 넓이와 등급에 따라 수확량을 재거나, 토목 공사 현장에서 계산 문제를 푸는 일이 직업이다. 그러니 산가지를 늘 몸에 지니고 틈만 나면 계산 연습을 해야 하느니라!"

홍정하가 당부의 말을 하고 일어서려는데 큰아들이 모깃소리로 말했다.

"잘 알고 있습니다. 하지만……"

"하지만?"

"돌멩이나 손가락으로 하는 건 쉬운데 산가지로 계산하려면 너무 번거로워서……"

"저는 번거롭지는 않은데 곱하기가 잘 안 됩니다!"

이번엔 열두 살짜리 이조가 서른 살의 아버지보다 더 깊은 한숨을 내쉬었다.

"휴…… 산가지를 통째로 잃어버렸으니 찾을 때까지 당분간 산학 연습은 못 하겠지요?"

이참에 좀 놀아 보려는 형의 마음을 아는지 모르는지 이복이가 신이 나서 말했다.

"내 거 빌려 줄게. 아니, 다 가져도 돼!"

홍정하는 반닫이에서 새 산가지 통을 꺼내어 형제 앞에 놓았다.

"이것을 쓰거라. 그리고 지금부터 곱하기를 어떻게 하는지 보여 줄 테니 잘 보거라."

홍정하가 산가지 시범을 보이려 하자, 방문 밖에 있던 똘이가 손가락에 침을 발라 문구멍을 뚫었다. 그러고는 한쪽 눈을 바싹 대고 홍정하의 손놀림을 자세히 보려고 문에 몸을 더 바싹 대는 순간, '철썩!' 누군가 똘이의 엉덩이를 세게 때렸다.

들킬까 봐 입을 다물고 얼굴을 찡그리며 돌아보니, 일꾼 동이였다.

"이 못된 놈! 예서 또 엿보기를 하는구나?"

옆에서는 망이가 빗자루를 흔들며 빈정대었다.

"어이, 마당쇠! 버르장머리 없이 안채 기웃대지 말고 빨리 뒷마당 청소나 하시지."

방 안이 궁금해 발길이 안 떨어지는 똘이……. 미적미적 일어나 빗자루를 들고 터벅터벅 걸어가는데 뒤춤에서 뭔가가 툭 떨어졌다. 산가지였다.

"부스럭, 부스럭."

커다란 보름달이 밤하늘을 환히 비추는 밤, 노비들의 허름한 방에 아

직 잠들지 않은 사람이 있었다. 늦은 시간까지 잠 못 드는 이는 바로 똘이였다. 바닥에는 산가지가 여러 모양으로 널려 있었다.

며칠 전 사건 이후 홍정하는 매일 관가에서 퇴근하여 돌아오자마자 두 아들에게 산가지로 셈하는 법을 가르쳤다. 똘이 또한 이를 열심히 훔쳐보며 산가지 계산법을 익혔다. 그러고는 이렇게 밤마다 연습을 했던 것이다.

똘이는 이조와 이복이가 만날 외우고 다니는 '산가지 놓는 법 노래'를 중얼거렸다.

숫자를 산가지로 나타내는 법

1	2	3	4	5	6	7	8	9
10	20	30	40	50	60	70	80	90
100	200	300	400	500	600	700	800	900
1000	2000	3000	4000	5000	6000	7000	8000	9000

일은 세로로, 십은 가로로, 백은 서고, 천은 넘어지네.

자고 있는 동이와 망이 아저씨는 드르렁드르렁 코 고는 걸로 모자라 드륵드륵 이까지 갈았는데, 마치 산가지 노래 반주처럼 척척 박자가 맞았다. 똘이는 여러 가지 수를 산가지로 놓아 보았다.

"내 나이 12를 산가지로 놓으면……."

"오늘 딴 사과 33개를 산가지로 놓으면……."

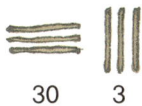

덧셈도 식은 죽 먹기다. 먼저 첫 번째 수를 바닥에 놓고 두 번째 수를 그 위에다 합치면 된다.

64에다 8을 더하려면, 먼저 바닥에 산가지로 64를 만든다.

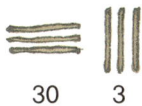

거기에다 8개를 더 올려놓으면 된다. 이때, 8을 6과 2로 갈라서 그중 6을 4에다 더하면 10이 되니까 십의 자리로 올려 주고, 일의 자리에는 2만 남

기면 72!

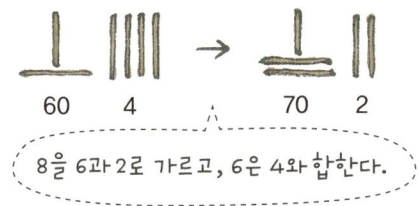

뺄셈은 그냥 덜어 내면 되니까 더 쉽다. 64에서 8을 빼려면 일단 산가지로 64를 만들어 놓는다. 그런 다음 10의 자리를 50으로 만든 뒤 낱개로 된 산가지 10개로 10을 만든다. 거기서 8개를 덜어 내면 2개가 남으니까 일의 자리에 있던 4와 합치면 일의 자리가 6이고, 따라서 답은 56!

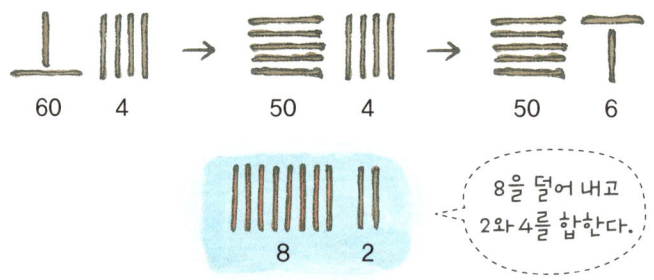

"흐흐흐……."

똘이는 오늘따라 집안일을 많이 해서 허리도 아프고 팔뚝도 뻐근하지만, 산가지 놀이가 재밌어서 절로 웃음이 샌다.

다음에는 덧셈 노래를 불렀다. 홍정하가 가르쳐 준 덧셈 노래를 이조와 이복 형제는 아직도 제대로 외우지 못하지만, 똘이는 딱 한 번만 듣고도 다 외웠다.

　일일은 이, 일이는 삼, 이이는 사, 이삼은 오……

　어느새 잠이 들어 잠꼬대로 구구단까지 중얼거리는 똘이.

　일일은 일, 일이는 이…… 이이는 사, 이삼은 육…….

　밭일을 하기 위해 새벽 일찍 일어난 동이가 그런 똘이를 안쓰럽게 쳐다보았다.
　'쯧쯧…… 어디다 써먹으려고 저 짓을……. 아무리 타고난 천재라도 노비는 학자는커녕 관리도 될 수 없는 팔자다, 이 녀석아…….'

조선 수학의 자존심, 홍정하

우리나라에도 수학자가 있었을까? 수학책에 나오는 개념과 공식을 보면 대부분 피타고라스니, 오일러니 하는 외국 수학자에게서 비롯한 것들이다. 하지만 우리나라에도 뛰어난 수학자가 많았는데, 그중 홍정하는 조선 시대 최고의 수학자로 꼽힌다.

옛날에는 수학을 '산학'이라 불렀고, 수학자를 '산학자'라 불렀다. 산학자는 나라의 세금을 거두어들이는 데 필요한 논밭의 크기를 비롯하여 곡식의 양을 장부에 기록하는 일, 건축에 필요한 계산, 공정하게 물건을 팔도록 조정하는 일 등을 맡아서 했다.

조선 시대에 산학자가 되려면 중인 신분의 사람이 '호조(조세·부역·인구 등 지금의 경제 관련 업무를 담당했던 관서)'에서 산학 교육을 받은 뒤 '산학 취재'라는 시험을 통과해야 했다.

홍정하는 왜 산학자가 되었을까?

조선 숙종 때인 1684년, 산학자 집안으로 이름을 날린 남양 홍씨 가문에서 태어난 홍정하. 그

는 어릴 때부터 산학을 배우며 자랐다. 아버지 홍재원을 비롯하여 할아버지 홍서주와 증조할아버지 홍인남은 물론, 외할아버지 경연도 산학교수(조선 시대에 호조의 산학청에서 회계 일을 맡아보던 벼슬)를 지냈으며, 장인 이극준 또한 산학자였다. 여기에 홍정하의 사촌 형제들과 자손들 모두 산학자였다. 한 마디로 집안사람 대부분이 산학자였다.

어떻게 한 집안사람 대부분이 같은 직업을 가질 수 있을까? 조선 시대에는 신분은 물론 직업도 세습되었기 때문이다. 홍정하 역시 대대로 산학을 한 집안의 자손이기에 자연스럽게 산학자가 된 것이다.

조선 최고의 수학 입문서, 《구일집》

산학 취재에 합격하여 산학자가 된 홍정하는 종6품 산학교수의 지위까지 올랐다. 40대 무렵에는 《구일집》이라는 산학 문제집을 썼는데, 조선 시대 중인 신분의 산학자로서 자신의 저서를 남긴 사람은 홍정하를 포함하여 단 세 명(경선징·홍정하·이상혁)뿐이다.

홍정하가 《구일집》을 쓴 이유는 후손들에게 전할 산학 입문서를 만들기 위해서였을 것이다. 이 책은 단순히 중국 산학책을 베끼거나 해설한 것이 아니라, 조선의 실정에 맞게 문제를 바꾸고 풀이 과정도 쉽게 이해할 수 있도록 씌었다. 풀이 방법도 한 가지가 아닌 여러 가지가 제시되어 있다. 홍정하는 산학 실력이 뛰어났을 뿐 아니라 산학을 가르치는 일에도 탁월한 학자였다.

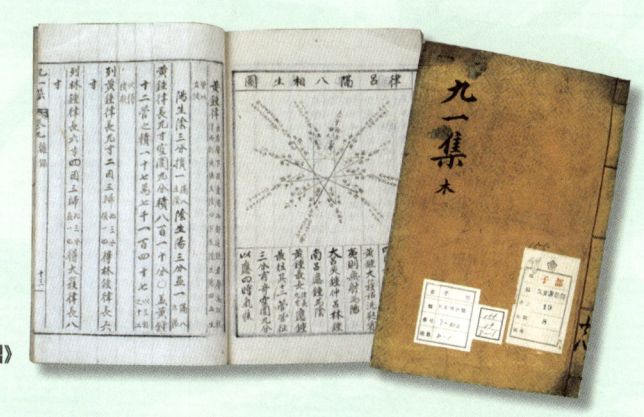

《구일집》

마술 같은 마방진 한 판 어때?

"와, 정말 신기하다!"
"이건 완전히 마술이야, 마술!"

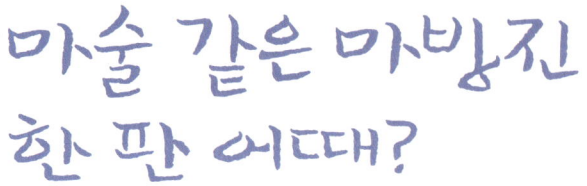

이조와 이복 형제가 흥분한 목소리로 탄성을 질렀다. 마당을 쓸던 똘이는 대체 무슨 일인가 싶어 형제 쪽으로 비질을 하며 슬금슬금 다가갔다. 형제는 툇마루에 앉아 종이 한 장을 들여다보고 있었다.

"이번에는 형이 여기 두 번째 가로줄을 죽 더해. 나는 세로줄을 죽 더 할게."

"좋아. 먼저 답을 구한 사람이 이기는 거다!"

"알았어!"

시합이 시작되자 형제는 각자 계산판 위에 산가지를 놓고 이리저리 옮겨 가며 정신없이 계산했다. 중간에 산가지가 흩어져 처음부터 다시 계산하느라 시간이 걸리기도 했다. 이조와 이복이의 이마에는 송골송골 땀방울까지 맺혔다.

"505!"

이복이가 먼저 답을 말했다.

"나도 505! 신기하네, 정말. 가로로 더해도 세로로 더해도 똑같이 505가 나와. 중국 산학자들은 대체 어떻게 이런 생각을 했을까?"

"이건 중국 명나라의 산학자 정대위 님의 백자도˙지만, 우리 조선의 산학자인 최석정 어르신 책에도 마방진˙ 문제가 많대."

"맞아. 나도 지난번에 어르신들이 말씀하시는 걸 들었어."

"우리도 나중에 이런 신기한 발견을 할 수 있을까?"

"헤헤, 그러기만 한다면야 할아버지와 아버지가 무척 자랑스러워하실 텐데!"

즐겁게 깔깔대는 형제의 모습이 평소 산학 공부할 때와는 사뭇 달랐다. 문제를 푸는 게 아니라 무슨 놀이를 하는 것 같았다. 똘이는 호기심에 자꾸 걸음이 그쪽을 향했지만, 지난번에 봉변을 당한 게 생각나 계속

백자도 ˙ 중국의 정대위가 쓴 《산법통종》에 있는 마방진 그림.
마방진 ˙ 자연수를 정사각형 모양으로 나열하여 가로, 세로, 대각선으로 배열된 수의 합이 모두 같게 만든 것. 중국에서 마방진을 처음 설명한 책은 《양휘산법》이고, 정대위의 《산법통종》에도 실렸다. 우리나라에서는 최석정이 쓴 《구수략》에 마방진이 소개되었다.

비질만 하며 안채 언저리를 서성였다.

잠시 뒤 형제가 동시에 일어서는 소리가 들렸다.

"밥이나 먹으러 가자."

"그래."

둘은 산가지로 어질러진 자리를 정리도 안 하고 그냥 자리를 떴다. 어르신들이 보면 크게 혼이 날 일이지만, 열 살 남짓 아이들에겐 밥이 먼저인 법!

형제가 자리를 비우자, 이를 지켜본 똘이는 살금살금 툇마루로 갔다. 바닥에 떨어진 종이를 펼쳐 보니 글자는 없고 숫자만 가로와 세로에 빽빽이 나열되어 있었다. 서당 개 3년이면 풍월을 읊는다고, 산학자가 대대로 나온 홍씨 가문의 마당쇠 노릇 3년 차 똘이도 한자로 된 숫자 정도는 척척 읽을 수 있다.

종이에는 1부터 100까지의 수가 10개씩 10줄에 씌어 있는데, 순서대로 적힌 게 아니라 뒤죽박죽이었다.

이복이가 앉아 있던 툇마루에 철퍼덕 주저앉아 어느새 산가지 계산을 하고 있는 똘이.

'가로로 더하고 세로로 더한다고 했지?'

과연 신기하게도 중간의 한 줄을 가로로 더하니까 505가 되더니, 세로로 더해도 505가 되었다. 시간 가는 줄도 모르고, 밥 먹으라는 소리도 못 듣고 똘이는 한 줄 한 줄 계산에 빠져들었는데……. 한 줄 한 줄 차례로 계산을 해 보더니 뭔가를 발견했는지 고개를 갸우뚱했다.

'어? 이상하다?'

대각선의 합은 505가 안 되는 것이다!

'쳇, 앞뒤가 안 맞잖아. 명나라의 대단한 수학자 정 아무개가 만든 거라고 호들갑을 떨더니만 순 엉터리네.'

마법의 정사각형 계산이 불완전하다는 걸 알게 되자 시시해졌다. 배에서는 갑자기 꼬르륵 소리도 났다. 그제야 밥을 굶은 것도 생각났다. 종이와 산가지들을 그대로 둔 채 빗자루를 챙겨 들고 부엌 쪽으로 몇 발짝 옮기던 똘이.

문득 돌아서서 다시 종이를 집어 들었다. 무슨 생각인지 백자도를 한 줄 한 줄 찢었다. 그러고는 1행과 2행을 서로 바꾸어 다시 계산했다. 하지만 505는커녕 이상한 수가 되었다. 이번에는 2행과 3행을 서로 바꾸어 보았다. 그리고 다시 계산을 해 보려는데…….

"이게 다 무엇이냐?"

천둥 같은 소리에 화들짝 놀라 쳐다보니 홍정하가 서 있었다. 평소의 부드럽고 인자한 모습과는 다르게 몹시 화가 난 듯 서슬이 퍼런 표정이었다. 똘이는 그만 온몸이 굳어 버렸다. 비로소 자신이 무슨 짓을 했는지 깨달았다. 함부로 산가지를 만진 것은 물론 백자도가 적힌 종이를 찢었으니, 죽도록 곤장을 맞거나 집에서 쫓겨날 게 분명하다.

"주…… 죽을죄를 졌습니다요."

똘이는 잽싸게 납작 엎드렸다. 이럴 땐 무조건 비는 게 최고다.

우레와 같은 호통이 내리칠 것에 대비해 귀에 힘을 주고 눈도 꽉 감았다. 그런데 아무 소리도 들리지 않았다. 이상했다. 살짝 고개를 들어 실눈을 뜨고 보니, 홍정하가 갈기갈기 찢긴 백자도를 찬찬히 살펴보고 있는 게 아닌가.

"설명해 보거라."

홍정하는 똘이를 야단치기는커녕 설명을 해 보라고 했다.

"자…… 잘못했습니다요."

"네가 무엇을 한 것인지 설명하라지 않느냐?"

"제…… 제가 이조와 이복 도련님이 공부하던 종이를 망…… 망가뜨렸습니다요. 죽을죄를 지었습니다……."

이럴 때 펑펑 울면 가엾게라도 보일 텐데, 평소엔 잘 나오던 눈물도 어쩐 일인지 나오지 않았다.

"왜 이렇게 찢어 놓았는지를 말하란 말이다!"

그제야 똘이가 고개를 들었다. 그러고는 엉거주춤 일어나 갈래갈래 찢어 놓은 종이를 가리키며 말했다.

"한 줄을 모두 더하면 505이어야 하는 것 같은데, 505가 안 되는 줄이 있어서 줄의 순서를 바꾸어 보려고 찢…… 었습니다요."

홍정하는 믿을 수 없다는 듯 똘이를 쳐다보았다. 그러고는 약간 떨리는 목소리로 물었다.

"참으로 505가 안 되는 줄이 있다는 것이냐?"

"자……잘못했습니다요."

똘이는 다시 한 번 납작 엎드렸다.

정적이 흘렀다.

한동안 찢긴 백자도를 조용히 쳐다보며 그 자리에 서 있던 홍정하가 이윽고 똘이에게 말했다.

"줄을 어떻게 바꾸어 보려고 하였느냐?"

똘이는 첫 번째 줄과 두 번째 줄을 서로 바꾸어 보았다.

"이렇게 해 보았으나 오히려 엉망진창이 되었습니다요."

어느새 홍정하는 그 자리에 철퍼덕 앉아 종이를 이리저리 옮기고 있었다. 날이 저물어 노을도 물러가고 어둠이 몰려오기 시작할 때까지 한참을 계산하던 홍정하가 낮은 함성을 질렀다.

"옳거니!"

너무도 신기한 일이었다. 홍정하는 방금 자신이 한 것을 보고도 믿을 수가 없었다. 눈을 비비고 손에 침을 바른 뒤 산가지들을 들고 다시 한 줄 한 줄 계산을 해 보았다. 대각선까지 모두 505, 완벽했다.

수백 년 동안 진리로 여겨져

오던, 중국 학자 정대위의 마방진인 백자도의 오류를 바로잡는 역사적 순간이었다.

똘이는 영문도 모르고 잔뜩 풀이 죽어 어떤 벌이 날아올지 걱정하며 서 있었다.

똘이는 그날 이후 홍정하의 수제자가 되었다. 그동안 백자도에 있는 숫자가 잘못 배열되었다는 것을 어느 누구도 알지 못했다. 그런데 열두 살짜리 마당쇠인 똘이가 오류를 발견한 것이다. 단지 덧셈만 하면 되는 간단한 셈이지만 양반도 중인도 아닌 노비가 계산을 한다는 것 자체가 흔치 않은 일이었고, 오류를 발견한 것은 그야말로 대단한 일이었다. 오류를 바로잡은 것은 홍정하였지만, 오류를 처음 발견한 것은 분명 똘이였다.

천재는 천재를 알아보는 법. 홍정하는 똘이가 예사로운 아이가 아니라는 걸 알고 직접 가르치기로 했다. 하지만 비밀에 부쳐야 했다. 가족들이 알게 되면 똘이를 쫓아낼 게 분명했기 때문이다. 고민 끝에 홍정하는 자신이 아들들을 가르칠 때 똘이로 하여금 옆에서 몸종 노릇을 하며 어깨 너머로 배우도록 했다.

하지만 마침내 비밀을 알아챈 이조와 이복 형제의 불만은 이만저만이 아니었다. 이복이는 똘이와 같이 공부하지 않겠다고 떼굴떼굴 구르면서 생떼를 부렸다. 그러나 "산학자의 아들이 되어서 한낱 노비보다 못할까 걱정이 되느냐?" 하는 아버지의 꾸지람을 듣고서는 마음을 고쳐먹었다. 같이 배워도 실력은 월등히 차이가 날 게 분명하니까 크게 손해 볼 리는 없을 것 같았기 때문이다. 게다가 귀찮은 계산을 똘이에게 시킬 수도 있을 것 같아 오히려 괜찮겠다는 생각마저 들었다.

똘이는 이제 더 이상 밤마다 몰래몰래 혼자 독학을 하지 않아도 되었다. 당당하게 계산판을 앞에 두고 산가지를 척척 펼치며 계산을 해도 뭐라 나무랄 이가 없었다.

홍정하의 직업은 호조에서 세금 계산을 하는 일이다. 그런데 산학 취재에 합격하여 호조에서 일하는 사람들은 날마다 출근하지 않고, 정해진 업무 일정에 따라 돌아가면서 일을 하기 때문에 쉬는 날이 많았다. 물론 급여는 똑같이 받으면서 말이다. 홍정하는 쉬는 날에는 아침부터 저녁까지 아이들을 가르쳤다.

조선의 홍정하, 중국 수학의 오류를 바로잡다!

홍정하가 쓴 《구일집》 제4권의 첫 쪽과 제9권 〈잡록〉에는 '백자도'가 나온다. 백자도는 10차 마방진 그림이다. 즉 1부터 100까지의 수를 가로와 세로로 늘어놓아 가로, 세로, 대각선에 놓인 10개 수의 합이 모두 똑같게 만든 그림이다. 마방진은 원래 《양휘산법》이나 《산법통종》 같은 중국 산학책에 실려 있던 것이다.

한번 빠지면 헤어날 수 없는 마방진

홍정하가 마방진 '백자도'를 자신의 책에 두 번이나 넣은 이유는 무엇일까? 중국 정대위의 《산법통종》을 공부하던 중 이상한 점을 발견하고 그것을 자신이 바로잡았기 때문이다.

정대위는 중국의 양휘가 만든 백자도를 자신의 책에 그대로 옮겼는데, 두 백자도는 모두 가로와 세로의 합이 각각 505로 같지만, 대각선의 합은 505가 되지 않았다.

양휘의 백자도가 틀린 줄도 모르고 그것을 그대로 옮긴 정대위의 책을 보면서 홍정하는 오류를 찾아내었고, 오랜 세월 동안 아무도 발견하지 못한 오류를 마침내 자신이 발견하고 바로잡았다는 데 뛸 듯이 기뻤을 것이다.

정대위의 백자도

홍정하의 백자도

쏟아진 환약

어느 날 밤, 한 아낙이 다급히 약방 문을 쾅쾅 두드렸다. 외아들이 저녁을 먹고 나서는 갑자기 열이 펄펄 끓고 헛소리까지 하기 때문이다. 얼마 전에 비슷한 증세의 이웃이 이 약방의 약을 먹고는 말끔히 나았다는 게 생각나 한걸음에 달려온 것이다.

증상을 들은 의원은 환약이 잔뜩 들어 있는 약주머니를 주며 이렇게 일렀다.

"이 약을 먹으면 곧 나을 것이오. 단, 약을 먹일 때 지켜야 할 규칙이 있으니 똑똑히 새겨들으시오. 첫날에는 딱 1알을 먹여야 하오. 그리고 둘째 날에는 2알을 먹이시오. 셋째 날에는 3알…… 이렇게 하루에 1알씩 늘려 먹이시오."

아낙이 물었다.

"언제까지 그렇게 먹여야 합니까?"

"보름이 될 때까지 그렇게 먹여야 하오. 그다음 보름 동안은 15알부터 시작해서 하루에 1알씩 줄여 나가시오. 이 규칙을 잘 지키면 말끔히 나

아 벌떡 일어날 테지만, 만약 하루라도 어길 시 약의 효험은 즉시 사라지고 아들의 생명까지 위태로울 수 있소. 단단히 명심하시오."

의원의 설명을 잘 들은 아낙은 약주머니를 움켜쥐고 약방을 나왔다. 너무 세게 잡아 약주머니가 찢어질 정도였다. 종종걸음을 재촉하며 집으로 가는데, 그만 돌부리에 걸려 넘어졌다. 순간 약주머니를 놓친 아낙. 환약이 사방에 흩어져 버리고 말았다.

"에고, 에고, 이를 어째! 우리 아들 살릴 약이 다 도망가네."

아낙은 흙바닥에 흩어진 약을 정신없이 주웠지만, 깜깜해서 잘 보이지 않아 제대로 주울 수가 없었다. 게다가 셈을 못하니 세어 볼 수도 없다.

"어쩌면 좋아……. 몇 알이나 잃었는지 알 도리가 있나."

하나밖에 없는 아들을 잃을까 겁이 난 아낙의 두 눈에서 눈물이 주르륵주르륵 흘렀다.

그때 마침 산학자들과의 모임을 끝내고 집으로 가던 홍정하와 똘이가 망연자실한 표정으로 울고 있는 아낙을 발견했다.

"아니, 무슨 큰일이라도 있으신지요?"

"아, 글쎄…… 제 아들이 무식한 어미 때문에 곧 죽게 생겼습니다요."

"그게 무슨 말씀이십니까?"

"아이가 저녁을 먹고 나서는 갑자기 열이 나고 헛소리를 하고 정신이 오락가락해서……."

"그래서요?"

"물수건을 해 주었지만 전혀 차도가 없어 약방에 가서 약을 지었습죠.

그런데 돌아오는 길에 그만 넘어져서 약주머니를 떨어뜨려 약이 사방에 다 흩어지는 바람에……."

"아이고, 이런!"

"보이는 대로 주워 담았습니다만, 없어진 게 훨씬 많은 듯합니다. 내가 셈을 할 줄 모르니 세어 볼 수도 없고, 이걸 어쩌면 좋아요. 흑흑…… 불쌍한 내 아들!"

"약방에 가서 다시 달라고 하면 되지 않겠습니까?"

"우리 집 형편에는 아주 비싼 약입니다. 그것도 간신히 산 건데 다시 간다 해도 무턱대고 많이 달라고 할 수도 없고, 그렇다고 1알이라도 모자라게 사면 목숨이 위태롭다 하니……."

그러고는 의원이 말해 준 '약 먹는 법'을 홍정하에게 들려주었다.

"음…… 그러니까 첫날엔 1알, 둘째 날엔 2알…… 이렇게 하루에 1알씩 늘려 가며 보름까지 먹다가, 그다음엔 15알부터 시작해 1알씩 줄여서 다시 보름 동안 먹이라고 했다는 말씀이군요."

"그렇습니다."

"그럼 모두 240알을 받으셨겠군요."

"에? 어찌 그리 단박에 알 수 있는지요?"

"16과 15를 곱하면 240이 됩니다."

그때까지 두 사람 곁에서 딴짓을 하던 똘이가 끼어들었다.

"주인어른, 왜 곱셈을 하십니까? 덧셈을 해야 하는 거 아닙니까? 그리고 왜 하필이면 16과 15를 곱하셨습니까?"

"하하…… 왜 그런지는 아주 조금만 생각해도 네 녀석 머리로도 충분히 알 수 있을 게다."

의미 있는 웃음을 던진 홍정하는 아낙과 함께 약방에 들어갔다.

홍정하가 의원과 대화를 나누는 동안 약방 뜰에서 두리번거리는 똘이. 환약이 있는 창고의 문이 빼꼼 열려 있는 것을 발견했다.

"끼익."

창고는 한약 냄새로 가득했다. 똘이는 커다란 봉지에 그득히 담긴 환약 더미 중에 아무 봉지나 열어 한 주먹을 움켜쥐었다. 그러고는 "첫날에는 1알, 둘째 날에는 2알이라……." 하고 혼자 중얼거리며 탁자 위에 늘어놓았다.

'하나에 둘을 더하면 셋, 셋에 셋을 더하면 여섯, 여섯에 넷을 더하면 열……. 아, 언제까지 이렇게 더해야 하지?'

탁자 위에 놓인 환약 뭉치들을 보며 창고 안을 왔다 갔다 하던 똘이가 갑자기 무릎을 탁 쳤다.

"아참! 아까 우리 주인어른은 곱셈을 했지?"

'점점 많아지다 점점 적어지니까, 가운데를 가르면 양쪽이 똑같겠구나!'

그러고는 보름치 다음의 나머지 환약들을 아랫줄에 늘어놓고 윗줄과 합쳤다.

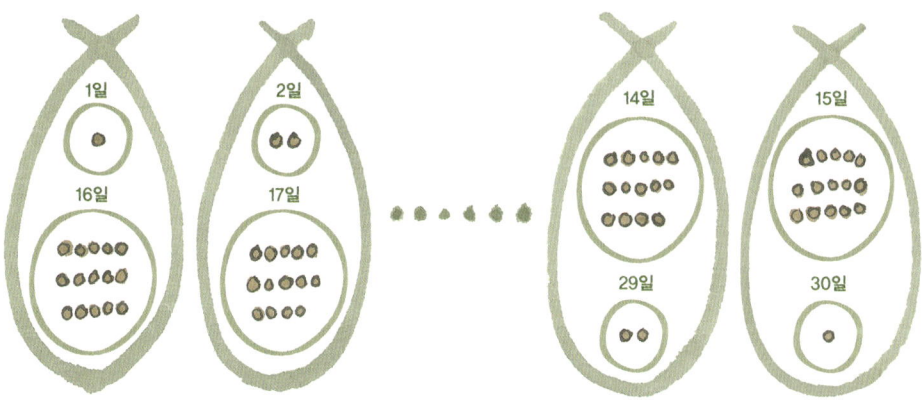

'어라? 이렇게 위와 아래의 덩어리를 합치니까 모두 16알씩이네. 이런 뭉치가 15개 있으니까…… 알았다! 16과 15를 곱하면 되지. 16곱하기 15는 240!'

그때 누군가가 똘이의 뒤통수를 툭 쳤다.

"아얏!"

의원이 몽둥이를 들고 서 있었다.

"네 이놈! 이 비싼 약재를 가지고 감히 장난을 쳐?"

똘이는 걸음아 살려라 줄행랑을 쳤다.

중국에서 생겨나 조선에서 빛난 산가지

계산 따로 기록 따로

우리가 지금 쓰고 있는 '1, 2, 3······'은 인도-아라비아 숫자이다. 그렇다면 조선 시대 사람들은 숫자를 어떻게 표기했을까? 당시는 중국 한자를 사용해 숫자를 나타냈다.

또한 지금 우리는 인도-아라비아 숫자를 사용해서 계산하고 기록도 하지만, 조선 시대에는 그렇지 않았다. 계산과 기록이 별개여서 계산은 산가지로 하고 그 결과는 한자로 기록했다.

三百二十四 加 二百三十一 　(324+231)
七百十二 乘 百十一 　　　(712×111)

산가지는 어떻게 생겼을까?

산가지는 고대 중국에서 만들어져 주나라 때부터 사용된 계산 도구이다. 우리나라에는 삼국 시대에 들어와 구한말까지 사용되었고, 그동안 계속 사용된 유일한 계산 수단이다. 처음엔 일부 계층에서만 사용하다가 나중에는 일반인에게 퍼졌는데, 지금 인도-아라비아 숫자를 모르는 사람이 없듯이 조선 시대에는 일반인도 산가지를 익숙하게 사용했다. 또한 산가지 셈을 능숙하게 하기 위해 이를 노래로 만들어 부르며 외우기도 했다.

산가지는 주로 대나무를 깎아서 만들었고, 이것을 주머니나 통에 담아 가지고 다니면서 사용했다.

산가지 통

산가지로 숫자를 나타내 볼까?

산가지로 숫자를 나타낼 때는 세워 놓느냐 눕혀 놓느냐가 중요하다. 일의 자리와 백의 자리는 산가지를 세로로 세워 놓고, 십의 자리와 천의 자리는 가로로 눕혀 놓는 식이다.

만약 어떤 수에 0이 들어 있을 때는 어떻게 했을까? 그냥 비워 두었다. 언뜻 생각하기에 빈 칸의 크기가 정해져 있지 않다면, 어떤 사람은 빈 칸을 넓게 띄우고 어떤 사람은 좁게 띄워서 0이 들어 있는 수인지 아닌지 알 수 없을 것 같기도 하다. 하지만 척 보고도 구별이 가능하다. 산가지를 가로로 늘어놓은 다음에는 세로로 놓아야 하는데, 만약 계속해서 산가지가 가로로 놓여져 있다면 중간이 비어 있는 것이 분명하기 때문이다.

산가지로 계산하면 어떤 장단점이 있을까? 직접 손으로 조작하면서 계산을 하니까 일일이 쓰지 않아도 된다는 장점이 있다. 하지만 계산이 틀렸을 때는 어디서 틀렸는지 알 수가 없어 매번 처음부터 다시 해야 하는 번거로움이 있다. 계산할 때마다 산가지의 배열이 달라지며 중간 과정이 사라지고 결과만 남기 때문에, 왜 그런 결과가 나왔는지를 설명하려면 처음부터 다시 산가지를 옮기면서 보여 주어야 하는 불편함도 있다. 또한 산가지를 펼쳐 놓고 계산해야 하니 넉넉한 공간도 필요하다. 그럼에도 계산을 빨리 쉽게 할 수 있기 때문에 산가지를 애용하는 사람이 많았다.

산가지 셈

조선 시대에는 산가지 셈이 일반인에게도 널리 퍼졌다. 사람들은 생활에서 꼭 필요한 정도의 계산을 하기 위해 산가지 셈을 익혔고, 시장 등에서는 성냥개비나 나뭇가지를 써서 계산하는 사람의 모습을 많이 볼 수 있었다.

1668년에 발표된 《하멜표류기》에는 네덜란드 사람 하멜이 태풍으로 표류하다 조선에서 14년간 살게 되면서 겪은 여러 가지 일이 씌어 있는데, 그중 산가지에 대한 내용도 있다. 하멜은 "그들은 마치 우리가 계산기로 하는 것처럼 조그맣고 긴 계산 막대를 사용해 계산한다."고 적었다.

러시아 장교들이 1885년부터 1896년까지 우리나라를 여행하며 남긴 기록에도 산가지에 관한 내용이 나온다. 여기에는 "조선 통역관은 자신의 통역료를 계산할 때 산가지를 사용하는데, 손놀림이 매우 빨라 보이지 않을 정도이다."라고 씌어 있다.

나는야 조선의 수학자

관에서 일을 마치고 집에 돌아온 홍정하가 저녁을 먹은 뒤 두 아들과 산책을 나갔다. 똘이도 덩달아 졸래졸래 따라갔다.

"너희도 이제 산학 취재 준비를 해야 하느니라."

"산학 취재요? 그게 무엇입니까요?"

똘이가 끼어들었다.

"뭐긴 뭐야, 이놈아. 산학자가 되기 위한 시험이지."

"시……시험을 본단 말입니까?"

똘이가 눈을 동그랗게 뜨고 홍정하를 쳐다보며 말했다. 반짝이는 두 눈에는 호기심이 가득했다.

"너 말고, 이놈아!"

"흥! 산학 시험은 중인만 볼 수 있는 거라고."

시험이라면 질색인 이복이가 웬일로 시험 보는 걸 자랑으로 떠드는 이유는 똘이를 약 올리려는 속셈에서였다. 노비라서 시험을 볼 수 없다는 말에 시무룩해지는 똘이를 보고 이복이는 목소리를 한층 더 높였다.

"게다가 우리는 산학자 집안이잖아! 아버지는 물론 할아버지도 산학자시고, 작은아버지들도 산학자시지."

"그리고 외갓집 식구들까지도 모두 산학자라고!"

이조가 신이 나서 거들었다.

"헤헤, 우리도 산학자 집안의 딸과 혼인하겠지? 그럼, 우리 처가도 온통 산학자!"

"양반으로 태어났지만 가난해서 빌어먹는 사람들도 있다던데, 우린 비록 중인이지만 대대로 내려오는 직업이 있으니까 먹고살 걱정은 없다고."

"그렇고말고. 호조의 관리가 되어서 평생 나라의 녹을 먹으며 살지."

두 아들이 호들갑을 피우자, 홍정하가 엄한 목소리로 말했다.

"어허! 그건 시험에 합격했을 때 말이렸다!"

순간 큰아들 이조는 굳은 표정으로 입을 다물었지만, 눈치 없는 이복이는 계속 떠벌렸다. 자신이 똘이에 비해 얼마나 우월한 집안에서 태어났는지, 생각할수록 신이 나서 참을 수가 없었기 때문이다.

"아버지가 친척들 중에 가장 빨리 산학 취재에 합격하신 거 맞지요?"

"그렇지. 우리 아버지께서는 스물두 살에 합격하셨잖니."

조용히 있던 이조가 맞장구를 쳤다.

"외갓집 선대 어르신인 경선징 어르신처럼 아버지께서도 우리 조선에서 최고로 유명해지셨으면 좋겠습니다."

이복이가 아버지를 쳐다보며 말했다. 진심이었다.

경선징이라는 이름이 나오자 홍정하가 걸음을 멈추었다.

"경선징 어르신에 대해 알고 있는 대로 말하여 보거라."

아버지의 질문에 이조가 나섰다.

"아버지 외할아버님의 숙부이십니다."

"《묵사집산법》도 쓰셨습니다."

이복이도 거들었다.

"영의정까지 지내신 조선의 대표 학자 최석정 어른께서 '서양에 마테오 리치와 아담 샬이 있다면, 조선에는 경선징이 있다.'라고 하실 정도로 훌륭한 분이십니다."

"분실된《산학계몽》이 경선징 어르신 덕분에 다시 복원될 수 있었다는 이야기도 들었고요."

"맞아요. 경선징 어르신이 이미 다 외우고 있어서 원래대로 만들 수 있었다지요?"

형제는 친척들에게 들었던 집안 이야기를 신 나게 늘어놓았다. 똘이는 둘의 잘난 체가 영 못마땅해 듣는 둥 마는 둥 하더니 엉뚱한 질문을 했다.

"에이, 책이 분실되었는데 어찌 복원한 책이 원래의 책과 같은지를 알 수 있습니까?"

"이놈아, 나중에 원래의 책이 발견되었는데 비교해 보니 둘이 똑같았다 하지 않느냐."

이복이가 똘이를 흘겨보았다.

"헤헤, 그랬군요."

이때 홍정하가 갑자기 노래를 불렀다.

칠월의 바람이 십오야에 일고, 동지에서 한식까지 백오 일을 뺀다.

그러고는 아이들에게 질문을 했다.

"이 노래는 《묵사집산법》에 나오는 노래이니라. 무슨 뜻을 담은 노래 같으냐?"

"……."

셋이 대답 대신 고개를 가로젓자, 홍정하는 도포 자락을 휘날리며 호숫가로 저벅저벅 걸어가며 말했다.

"하하, 숙제니라. 내일 밤까지 알아내 보거라."

분명 가락은 노래인데 노랫말은 영 알쏭달쏭한 수수께끼 같았다. 형제는 노랫말의 뜻을 알아내려고 다음 날까지 쉬지 않고 열심히 노래를 불렀다. 그 바람에 똘이는 물론 동이와 망이까지 외울 지경이 되었다.

똘이가 바가지에 물을 담아 이조에게 건네며 말을 붙였다.

"하루 종일 노래해서 목이 마르지……요? 시원하게 한 바가지 들이켜……요."

벌컥벌컥 물을 마신 이조는 목도 뚫리고 기분이 좋아졌다.

"아무리 봐도 이 노래는 평범하지 않아."

"평범한 노래가 아니다……. 그럼 뭐지……요? 무슨 주문이라도 되나……요?"

"하하, 그건 아니지만, 뭐 그렇다고 영 아닌 것도 아니구나."

똘이는 어젯밤 내내 노래를 부르며 한 가지 생각을 떠올렸다.

"음, 내 생각에는…… 숫자와 관련이 있는 것 같은데……요."

"숫자?"

형제가 동시에 말했다.

"칠월의 바람이 십오야에 일고, 동지에서 한식까지 백오 일을 뺀다……. 그러니까 칠월은 7, 십오야는 15, 백오 일은 105를 말하는 게 아닌가……요?"

"와, 듣고 보니 그러네."

아버지가 내준 숙제를 해결할 셈으로 이조가 똘이에게 바싹 다가갔다.

"그래서?"

"그런 것 같다고……요."

"그게 다야?"

똘이는 화가 났다. 자기도 더 알아낼 수가 없어서 답답했던 것이다.

"끝이라니까……요."

오늘까지 숙제를 마쳐야 한다는 생각이 셋의 머리를 스쳤다. 이복이는 들고 있던 바가지를 내던지고 바닥에 주저앉았다.

"더하기인가?"

하지만 7과 15를 더하면 22이다.

"그럼, 곱하기다."

이조가 소리쳤다.

"봐봐. 7과 5를 곱하면 35, 7과 10을 곱하면 70. 35와 70을 더하면 105잖아. 그러니까 7과 15를 곱하면 105라는 노래가 아닐까?"

"맞구나!"

셋은 어깨를 들썩이며 엉덩이춤을 추었다.

그런데 똘이가 갑자기 춤을 멈추고 물었다.

"이렇게 쉬운 것을 왜 노래로 만들었을까……요?"

"맞아. 곱하기 하는 법은 산학자라면 누구나 아는 건데?"

어느덧 공부 시간이 되었다.

"그래, 숙제는 다 하였느냐?"

이조가 머리를 긁적이며 답했다.

"숫자와 관련이 있고 7, 15, 105가 들어 있는 노래라는 것을 발견했습니다."

"곱하기도요!"

이복이가 덧붙였다.

"똘이는 아무것도 못 알아냈느냐?"

"알아낸 것은 없고, 궁금증이 생겼습니다요."

"오호, 궁금증이라? 어디 해 보거라."

"왜 하필 이것을 노래를 만들었는지요?"

"하하하……."

홍정하가 환한 표정으로 화통하게 웃었다. 낮에 관가에서 세금 문제로 씨름을 하다 온 터라 몸과 마음이 지쳐 있었는데, 어린아이들이 산학에 대해 탐구하는 모습을 보니 모든 피곤이 싹 가시는 것 같았기 때문이다.

"사실 이 노래는 7과 15의 최소공배수가 105라는 것을 외우기 위한 노래이니라."

"왜 하필 이 세 수에 대한 노래를 만들었을까요?"

이번에는 이조가 물었다.

"이 세 수는 산학 문제에 자주 등장하지. 그래서 시험 공부를 할 때 이렇게 노래로 만들어 아예 외우는 거란다."

"그냥 계산하면 되지, 왜 꼭 외워야 합니까?"

외우기를 싫어하는 똘이가 물었다.

"시간을 절약하려고 그렇지. 산가지로 하면 계산하는 데 시간이 엄청

걸리잖아!"

아버지 대신 이복이가 대답했다.

외워서 시험을 본다니 대체 어떤 문제가 나올까 궁금해진 똘이가 물었다.

"산학 취재는 어떻게 치러지는지요?"

"시험은 이틀에 나누어 보느니라. 첫날은 이 책들에 있는 문제 중에서 똑같은 문제를 외워서 말해야 한다. 둘째 날에는 6명의 시험관이 각자 한 문제씩 내는데, 시험관 앞에서 그 문제를 풀고 풀이 과정도 말해야 한다. 4문제 이상을 맞혀야 합격이니라."

"산가지를 사용해도 되는지요?"

"당연하다."

"시험 준비는 어떻게 해야 합니까?"

지금부터 10년간 꾸준히 공부하면 자신도 과연 아버지처럼 스물두 살에 합격을 할 수 있을까 싶어 마음이 무거워진 이조가 아버지에게 여쭈었다.

"《묵사집산법》문제만 달달 외울 정도로 풀어 보면 되겠지."

이복이가 촐랑대자 홍정하는 "아니, 그것만으로는 부족하느니라." 하고 단호하게 말했다.

그러고는 책 세 권을 반닫이에서 꺼내어 책상에 올려놓았다. 《상명산법》, 《양휘산법》, 《산학계몽》이었다.

"이 책에 담겨 있는 문제를 모두 풀고, 풀이를 완전히 외워야 하느니라."

"네? 외운다고요?"

자기도 모르게 소리친 아이는 똘이였다.

"아니, 시험도 안 볼 놈이 겁에 질린 게냐?"

이복이가 재밌다는 듯 킬킬거렸다.

"그냥 그 자리에서 풀면 되는 거 아닙니까? 왜 외워야 합니까?"

똘이는 이해가 안 된다는 표정을 지었다.

"이놈아, 이 중에서 어떤 문제가 나올지 모르는데 이 많은 것을 다 통달하지 않고서야 어찌 그 자리에서 풀 수 있겠느냐?"

이복이가 똘이와 아옹다옹하는 사이, 이조가 머뭇거리며 말했다.

"그런데요, 아버지……."

"말해 보거라."

"저희가 공부하기에는 세 책 모두 너무나 어렵습니다."

"맞습니다. 전에 잠깐 보았습니다만, 중국 책이라서 우리 조선과 맞지 않는 부분도 있고…… 어떻게 그리 풀었는지도 알 수가 없게 씌어 있습니다."

"그렇다면……."

똘이의 눈이 반짝였다.

"어르신께서 직접 산학책을 쓰시면 되지 않습니까요?"

순간 정적이 흘렀다.

잠시 뒤 이복이가 손뼉을 쳤다.

"맞습니다. 아버지가 산학책을 쓰시면 저희를 비롯해 산학 취재 준비를 하는 우리 홍씨 가문의 후손들에게 더할 나위 없이 큰 도움이 될 것입니다."

"맞아요. 아버지, 제발 저희를 위해서 책을 써 주십시오."

이조도 같이 손뼉을 치며 말했다.

"조선을 위해서도 아주 바람직한 일이 될 것입니다요!"

똘이도 한마디 거들었다.

홍씨 가문의 앞날만 생각하는 두 아들에 비해 조선의 앞날을 위하여 책을 쓰라는 똘이의 말이 홍정하의 가슴에 더욱 와 닿았다.

"음…… 생각해 보마."

"아버지, 당장 쓰시지요? 생각할 게 뭐가 있겠습니까?"

"맞습니다. 중국 책이 아닌 조선의 책이 있어야 합니다."

"경선징 어른의 뒤를 이어 중국의 《구장산술》에 버금가는 조선 최고의 산학책을 써 주십시오."

그동안 책 쓰는 일에 대해 홍정하가 생각을 안 해 본 것은 아니었다. 두 아들을 위해서도 아니고, 홍씨 가문을 위해서도 아니다. 홍정하뿐 아니라 산학자라면 누구라도 자신이 직접 책을 쓰고 싶어 할 것이다.

하지만 책을 쓴다는 게 보통 일인가. 책을 쓰려면 기존의 산학에 통달해야 한다. 어쩌면 전 생애를 바쳐서 몰두해야 할 일이다. 더욱 중요한 것은 자신만의 생각이 있어야 한다는 점이다. 자신만의 창의적인 생각이!

홍정하는 똘이를 물끄러미 쳐다보았다.

'저 아이가 나라면 어찌했을까? 저 아이는 산학자 집안에서 태어나 산학자가 되어야 할 운명인 내 아이들과는 다르다. 만약 저 아이가 노비가 아닌 중인이나 양반으로 태어났다면, 분명 제 스스로 산학자의 길을 걸을 것이다. 그리고 밤낮없이 열심히 연구하여 자신의 책을 써서 후세에 남기겠지. 역사에 길이 남을 책을……'

문득 며칠 전의 일이 떠올랐다.

'중국의 위대한 산학자 정대위의 백자도에 오류가 있었지 않은가? 그래, 그걸 조선 사람이 바로잡았음을 세상에 알리기 위해서라도 내가 책을 써야 한다. 그래서 조선의 산학이 중국을 따라가는 것이 아닌, 독자적으로 발전하고 있다는 점도 알려야 한다. 우리 조선 산학의 우수성을 알리는 책이 필요하다.'

잠시 생각에 빠져 있던 홍정하가 아이들을 향해 말했다.
"너희는 산학 공부에나 열중하거라."
이 말은 책을 쓰기로 결심했다는 뜻이었다.
"야호!"
셋은 마치 한 형제라도 되듯 덩실덩실 춤추었다.

수학을 사랑한 세종대왕

조선 초기에는 고위 관리도 산학을 배울 만큼 산학의 중요성이 강조되었으며, 산학 제도가 매우 체계적으로 정비되었다. 특히 세종은 솔선수범해서 산학을 공부하고, 고위 관리들에게도 산학을 배우도록 했다.

세종은 산학이 국가 행정에 반드시 필요한 기술이라 생각하여 당시 부제학(지금으로 치면 대통령 비서실장)이던 정인지로부터 《산학계몽》에 관한 강의를 받았을 정도로 산학에 열의가 있었다. 하지만 신하들은 세종의 이 같은 행동을 이해할 수 없었다. "산학이라면 산학자나 다른 관리들이 업무에 따라 연구하고 있으므로 바쁜 임금께서 굳이 배울 필요는 없을 것 같습니다." 하며 신하들이 적극 만류하자, 세종은 "왕이 하는 일 중에 산학을 직접 사용할 일은 없을지라도 중국 고대 성인들이 정한 학문이므로 나도 배우려 한다."라고 했다.

몸소 산학을 공부하면서 산학의 중요성을 크게 느낀 세종은 고위 관리들에게 산학책을 건네며, "그대들도 이 책으로 산학을 공부하시오. 한 달 뒤에 시험을 볼 것인데, 만약 제대로 공부하지 않는다면 불이익을 주겠소."라고 명했다.

세종이 산학을 좋아한 사실은 당시 널리 알려졌던 것 같다. 왕에게 어떤 물건을 진상해야 할지 고민하던 한 경상도 감사가 중국 산학책《양휘산법》을 100권이나 진상했는데, 세종은 이 책들을 집현전과 호조 등에서 공부하게 했다.

세종은 그 후에도 "산학은 나라를 다스리는 데 꼭 필요하다. 역대 왕조가 모두 산학을 중요시한 것은 이 때문이오. 최근과 같이 농지를 등급별로 측량할 때 이순지 같은 산학자가 없었다면 그 어려운 계산을 어떻게 했을 것인가? 산학을 널리 익히게 할 수 있는 방법을 연구하시오."라고 말하며 산학의 중요성을 강조했다.

세종은 고위 관리의 자제들에게도 산학을 배우도록 장려했고, 그중 우수한 학생 20명 정도를 뽑아 중국으로 보내 산학과 과학을 배워 오도록 했다.

세종이 몸소 산학을 배운 것은 체계적이고 과학적인 한글을 발명하는 데 밑거름이 되었다. 만약 세종이 산학을 전혀 몰랐다면, 국가의 미래를 위해 과학자를 양성하고 새로운 발명품들을 개발하는 데 별 관심이 없었거나 잘 만들도록 이끌지도 못했을 것이다.

앙부일구
조선 시대에 쓰던 해시계. 세종이 노비 출신인 장영실에게 명하여 만든 최초의 공중 시계이다. 그림자의 위치에 따라 시간과 절기를 알 수 있다.

자격루
자동으로 시간을 알려 주는 장치가 있는 물시계. 세종 때 장영실이 만든 물시계는 남아 있지 않고 사진의 자격루는 1536년에 만든 것이다.

알쏭달쏭 과일 심부름

"어험, 똘이 게 있느냐? 장에 가서 과일 좀 사 오너라."
대청마루에 앉아서 《묵사집산법》을 읽고 있던 홍정하가 마당에서 누렁이와 놀고 있는 똘이를 불렀다.

"과일요? 알겠습니다요!"

똘이가 냅다 대문 밖으로 달려 나가자 누렁이도 덩달아 신이 나 쫓아 나갔다.

잠시 뒤 똘이가 다시 뛰어 들어왔다.

"그런데 어떤 과일을 사 오라는지 말씀을 안 하셨는데요. 헉헉."

"쯧쯧, 묻지도 않고 뛰어나가더니……."

"아따, 심부름을 시킬 때는 시키는 사람이 알아서 말씀해 주어야 하는 거 아닙니까?"

똘이는 입을 쭉 내밀었다. 누렁이도 덩달아 혀를 쭉 내밀었다.

"복숭아와 자두를 좀 사 오너라."

"복숭아와 자두라고 말씀하셨습니다요."

이번에도 달리기 대회에 출전하는 듯 쏜살같이 뛰어나갔다. 그러고는 또다시 들어왔다.

"아이참, 몇 개 사 오라는 말씀을 안 하셨잖아요!"

"말할 참이었는데, 네가 듣지도 않고 내달리지 않았느냐? 경솔하게 행동하고는 왜 내 탓을 하느냐!"

"아…… 네……."

"복숭아와 자두를 합해서 100개 사 오너라."

"네, 알겠습니다요."

다시 뛰어나가려던 똘이가 순간 멈칫했다.

"돈도 주셔야죠."

하마터면 시장에 다다라서 다시 집으로 뛰어올 뻔했을 터! 떠나기 전에 생각이 나서 얼마나 다행인가 싶어 똘이는 미소를 쓱 지었다.

"옜다."

홍정하가 동전 뭉치를 건네주었다. 꽤나 무거웠다.

"이걸 다 쓰라굽쇼?"

"그래. 딱 그만큼 사 오너라."

대답도 생략하고 달리기부터 하는 똘이의 뒤통수에 대고 홍정하가 소리쳤다.

"이 녀석아, 과일 100개를 양손에 들고 올 테냐?"

"아참!"

똘이는 그제야 다시 돌아와 헛간에 가서 노새 한 마리를 끌고 대문을 나섰다.

그리고 얼마쯤 걷다 문득 걸음을 멈춘 똘이.

'이게 도대체 얼마야?'

길바닥에 앉아 동전을 하나씩 세어 보았다. 모두 272닢이었다. 어쨌든 복숭아와 자두를 합해 100개를 272닢어치 사면 되는 것이다.

시장은 사람들로 북적거렸다. 똘이는 단골 과일 가게에 들어섰다.

"안녕하셨습니까?"

"홍 교수 댁 똘이로구나, 어서 오너라."

"복숭아와 자두 합해서 100개 주세요."

"100개라고? 복숭아 50개, 자두 50개? 이렇게 주면 되는 거냐?"

"네? 잘 모르겠는데요?"

가게 주인은 황당하다는 듯 말했다.

"아니, 이 녀석아. 과일 사러 온 놈이 몇 개를 사야 하는지도 모른단 말이냐?"

"에이, 잘 계산하셔서 272닢어치만 주시면 돼요."

"뭐라고? 내가 산학자로 보이느냐?"

"아저씨는 장사를 하시니까 계산을 잘하실 거 아니에요?"

"물론 그렇지! 하지만 내가 할 수 있는 덧셈과 뺄셈으로는……. 에라,

모르겠다!"

과일 가게 주인은 갑자기 짜증을 냈다.

"몇 개씩 살 건지 말을 하든가, 아니면 다음에 오너라."

주인은 단호하게 딱 잘라 말하더니 거리로 나가 "여기 조선 팔도의 맛있는 과일이 다 있습니다. 이리로 오세요!" 하면서 손님들을 불러 모았다.

허리춤에 찬 구리 동전들의 무게 때문에 땀이 삐질삐질 나고, 뜀박질을 여러 번 해서 다리도 후들거리는 똘이. 이대로 다시 돌아갈 것인가…….

"잠깐만요."

"아저씨, 복숭아랑 자두가 1개에 얼마씩이에요? 그것만 알려 주세요."

"겨우 2개만 사게?"

"하하, 제가 한번 계산해 보게요."

"흥! 네깟 녀석이 뭘 안다고……. 복숭아는 1개에 4닢이고, 자두는 1개에 2닢이다."

"자두가 2닢이 더 싸네요."

"자두가 당연히 복숭아보다는 싸지!"

"헤헤. 자, 보세요. 만약 복숭아만 100개를 사면 얼마죠?"

"거참, 귀찮게도 하는구나."

"4닢씩 100개니까 400닢이잖아요."

"그렇다면 네가 가진 272닢으로는 어림도 없다. 집에 가서 128닢을 더 가져오면 모를까."

 "복숭아 100개를 사기에는 128닢이 모자란다는 거죠? 128닢은 2닢짜리 자두 64개랑 같으니까…… 그럼, 복숭아 대신 하나에 2닢씩 더 싼 자두를 64개 사면 되겠네요."
 "그럼, 복숭아는?"
 "100개 중에서 64개가 자두니까 복숭아는 36개죠."
 주인은 고개를 갸웃거리며 복숭아와 자두를 세어 자루에 담아서 노새 등 위에 얹었다. 똘이 녀석이 잘 계산한 건지 알 방법이 없지만, 주인이 대대로 산학자 집안인 홍씨네니 어깨너머로 배운 게 있지 않을까 싶었다. 게다가 저 자신만만한 태도라니! 똘이가 계산을 잘못해서 자기가 손해 보지는 않았을 것 같다.

주인은 복숭아 하나를 쓱쓱 닦아 똘이에게 주었다.
"이건 덤이다. 가면서 먹거라."
"와, 고맙습니다."

똘이는 노새를 앞세우고 룰루랄라 노래를 부르며 석양이 지는 저잣거리를 나와 집으로 갔다. 그러고는 도착하자마자 자신이 계산한 게 맞았는지 홍정하에게 여쭈었다.

홍정하는 똘이에게 맞게 계산했다고 칭찬을 한 뒤 방으로 들어가서는 자신이 쓰고 있는 산학 문제집에 아까 똘이에게 낸 문제와 답을 적었다.

산가지로만 셈을 했을까?

조선 후기에는 대부분의 사람이 산가지 셈을 할 줄 알았지만, 그렇다고 산가지로만 계산을 한 것은 아니었다. 여전히 손가락을 꼽아 가며 수를 헤아리거나 칼로 자국을 내거나 끈을 묶는 방법을 사용해서 수를 기록하는 사람도 많았다.

결승

조선 시대까지는 대부분의 농민이 글자를 몰랐다. 따라서 농작물의 수를 기록하거나 다른 물건과 교환한 것을 기록할 때는 새끼줄을 묶어서 그 개수를 나타내는 결승법을 사용했다. 이러한 결승법은 1950년대까지도 사용되었다.

결승법

각기

글자를 모르는 농민들에게 개수를 알려 주는 가장 쉬운 방법은 나무 도막에 칼로 자국을 내는 것이다. 각기는 얼마 전까지도 시골에서 사용되었다. 동네를 돌며 생활용품을 파는 상인들은 그 물건을 판 농가의 기둥에 낫이나 칼로 금을 그어 자국을 내고 외상 액수를 표시했다.

네 나이가 몇인데?

"으아앙……."
부엌에서 울음소리가 들렸다.
'무슨 일이지?'
마당을 쓸던 동이가 빗자루를 내던지고 부엌으로 뛰어 들어갔다. 울고 있는 아이는 똘이였다. 똘이 옆에는 망이가 안절부절못하며 서 있었다.
"똘이야, 왜 우니? 망이가 때렸냐?"
"아니요."
똘이는 고개를 저었다. 동이는 망이를 흘깃 보며 밖에까지 들리도록

큰 소리로 말했다.

"아니, 왜 아이를 울리고 그래?"

망이가 대답을 하지 않자 똘이가 훌쩍거리며 일러바쳤다.

"아……아까 두 도련님이 간식으로 경단을 먹었는데, 12개 남은 걸 이복 도령이 나보고 먹으라고 했어요. 그래서 내……내가 막 먹으려는데 망이 아저씨가 들어와서는 '이런 건 나눠 먹어야 한다.' 하면서……."

"다 빼앗아 먹었냐?"

"그게 아니고……. 나는 당연히 둘이 똑같이 나눌 줄 알았는데, 아저씨가 7개나 집어 가잖아요. 나는 5개밖에 못 갖고요. 그런데…… 으아앙……."

똘이는 무슨 초상이라도 난 듯이 더욱 소리를 높여 울고 나더니, 분에 겨운 듯 씩씩대며 말을 이었다.

"그런데 거기서 또 하나 빼앗아 갔어요. 원래는 전부 내 것이었는데, 엉엉……. 그럼, 망이 아저씨가 나보다 배를 갖는 거잖아요. 엉엉……."

멀쩡한 사내가 아이의 먹을거리를 빼앗고, 그것도 배라는 말에 화가 난 동이가 망이에게 소리를 쳤다.

"이 돼지 같으니라고! 대체 몇 개나 빼앗은 거냐?"

망이가 억울하다는 듯 우물거리며 말했다.

"나……난 겨우 1개밖에 더 안 빼앗았는데……."

똘이는 망이를 노려보며, "아저씨가 내 경단 1개를 또 빼앗아 가서 나는 겨우 4개, 아저씨는 8개가 되었고, 내 경단의 배나 갖게 되었잖아요!"

"그……그렇게 되나?"

망이가 머리를 긁적이며 주머니에서 뒤죽박죽된 경단 1개를 꺼내 똘이에게 건넸다.

"옜다. 아까 빼앗은 거다."

"으아앙……."

돌아보니 어느새 일꾼들이 부엌으로 다 몰려와 있고, 홍정하도 멀찍이 서 이 광경을 보고 있었다. 동이는 이참에 망이를 단단히 망신 주겠다는 듯 더욱 큰 소리로 비난했다.

"거, 나잇살이나 먹은 사람이 아이 먹을거리나 탐내다니, 쯧쯧……."

난처해진 망이가 얼른 경단 1개를 더 내놓았다.

"이제 되었나?"

똘이는 울음을 뚝 그쳤다. 경단을 받아 얼른 주머니에 넣은 똘이는 또다시 뺏기기 전에 달아날 속셈으로 쏜살같이 밖으로 뛰어나갔다.

사태는 진정되었지만 망이는 동이가 못마땅했다. 울음을 터뜨린 똘이보다 이런 일을 모두가 알도록 큰 소리를 낸 동이가 더 얄미웠기 때문이다.

"너, 뒷마당에서 나 좀 보자!"

잠시 뒤, 뒷마당에 동이가 나타나자 망이가 다짜고짜 멱살을 잡았다.

"너, 이 녀석, 왜 말끝마다 나한테 반말이야?"

동이도 이에 질세라 맞섰다.

"반말하면 뭐 어때서?"

"뭐라고? 야, 내가 너보다 나이가 훨씬 많거든!"

"쳇! 자기 나이가 몇 살인지도 모르면서!"

화가 난 망이가 동이를 바닥에 내리꽂으려는 순간, 홍정하의 목소리가 들렸다.

"어허, 여기서 뭣들 하는 게냐?"

"앗, 어르신!"

둘은 자세를 바로 하고 머리를 조아렸다.

"아저씨들 나이가 몇인지 나는 아는데."

똘이 녀석이 맛있게 경단을 먹으며 홍정하 옆에서 까불거리고 있었다. 똘이에게 경단을 빼앗긴 망이는 홍정하가 없다면 당장 꿀밤이라도 먹이고 싶었다.

"정말이에요. 나는 망이 아저씨가 몇 살이고 동이 아저씨가 몇 살인지 다 알아요."

똘이의 자신 있는 태도에 솔깃해진 망이. 나이를 알 수 있다면 둘 사이의 서열을 확실히 할 수도 있을 것이 분명하다.

"그럼, 말해 보아라. 내 나이가 몇이냐?"

동이도 나섰다.

"내 나이는 몇이냐?"

"그……그건……."

둘이 정색을 하자 똘이는 난처하기 그지없었다. 사실 똘이도 둘의 나이가 몇 살인지는 모른다. 뭐든지 아는 척하는 버릇 때문에 쓸데없이 나선 것일 뿐이다.

"네 이 녀석, 솔직히 말해. 너도 모르지?"

"아는데……."

"그럼, 왜 곧바로 말해 주지 못하는 게냐?"

"이 거짓말쟁이 녀석!"

주인이 옆에 있는 것도 잊고 망이가 똘이에게 아까부터 아껴 두었던 꿀밤을 주려는 순간, 홍정하가 호통을 쳤다.

"똘이 네 이 녀석! 잘 알지도 못하는 것을 안다고 거짓말한 것이냐?"

"알 수 있을 것 같기도 하고요……."

난처해진 똘이가 홍정하에게 구원의 눈빛을 보냈다.

"네게 기회를 주겠다. 내가 저 둘의 나이에 대해 몇 가지를 알려 줄 테니, 잘 듣고 나이를 맞혀 보거라. 만약 맞히지 못하면 네가 거짓말한 것으로 알고 크게 혼쭐을 낼 것이야!"

"네, 알겠습니다요, 어르신……."

"동이의 나이에서 여덟 살을 빼서 망이 나이에다 더하면, 망이 나이가 동이 나이의 2배가 되느니라. 그리고 망이의 나이에서 여덟 살을 빼서 동이의 나이에 더하면 둘의 나이는 똑같아진다."

자기들 이야기건만 동이와 망이는 홍정하가 대체 무슨 말을 하고 있는 건지 알 수가 없어 허공만 바라보며 멀뚱거리고 서 있었다. 똘이 역시 마지막 남은 경단을 조몰락대며 고개를 갸우뚱거리자, 홍정하가 한마디를 덧붙였다.

"조금 전 부엌에서의 일을 한번 떠올려 보거라."

❖ ❖

'경단 사건?'

순간 똘이의 눈이 반짝였다. 아까 자기에게 벌어졌던 일을 차근차근 돌아보았다.

처음에 망이 경단은 7개, 똘이 경단은 5개였다. 그런데 망이가 똘이 것을 하나 더 가져갔고, 8개와 4개가 되어 망이 것이 똘이 것의 2배가 되었다. 만약 똘이가 망이의 것을 1개 가져왔다면 둘 다 6개로 똑같아졌을 것이다. 섬광처럼 어떤 생각이 똘이의 머리를 스치고 지나갔다.

"아, 알았어요!"

"그럼, 설명해 보거라."

"망이 아저씨와 동이 아저씨의 나이는 경단 5개와 7개일 때와 마찬가지입니다요. 단지 다른 점이라면……"

"다른 점이라면?"

"경단은 7개 중에서 1개만 5개 쪽에다 주면 둘이 똑같아지지만, 두 아저씨의 나이는 한 살이 아니라 여덟 살을 주고받으니까……"

"그러니까?"

"8배 하면 됩니다요."

"8배라 함은?"

"5에다 8을 곱하고, 7에다 8을 곱하면 두 사람의 나이가 나온다는 말씀입니다요."

"정확히 답을 말해 보거라."

똘이에게 구구단 정도는 식은 죽 먹기다. 산학을 배우는 자의 기본이라고나 할까?

"40세와 56세입니다요."

"네 답이 정답이라는 걸 어찌 알 수 있느냐?"

그러자 똘이는 담벼락 밑으로 가서 돌멩이를 한 움큼 주워 왔다.

"자, 보십시오."

"이쪽에는 돌멩이가 40개. 저쪽에는 56개가 있습니다요. 이쪽에서 8개를 덜어서 저쪽에 놓으면 32와 64가 되는데, 64는 32의 2배입니다. 그리고 다시 처음으로 돌아와서 저쪽에서 8을 덜어내어 이쪽에다 놓으면 둘 다 48개로 똑같아집니다요."

돌멩이를 이리저리 옮겨 놓으며 설명하는 똘이를 바라보는 홍정하의 입가에 미소가 번졌다.

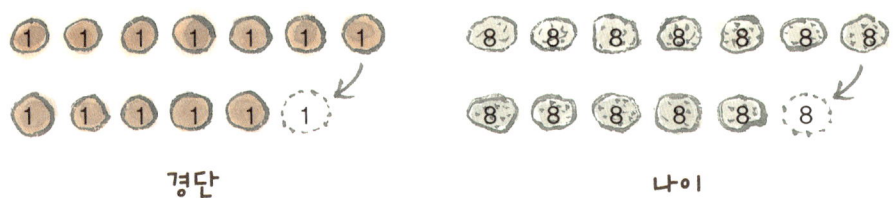

경단 　　　　　　　　　　나이

이때까지 딴짓을 하던 망이와 동이는 그제야 똘이에게 관심을 보였다.

"똘이야, 그러니까 내가 56세인 거지?"

"흥! 내가 56세지?"

똘이는 나이 자랑을 하는 어른들이 재미있다는 듯 웃었다.

"아저씨들은 나이가 많은 게 그렇게 좋아요?"

꼬맹이 똘이도 언젠가는 마흔 살이 되고 쉰여섯 살이 될 것이다. 그건 그렇고, 그렇다면 누가 더 나이가 많은 것일까?

"똘이 말이 맞았느니라. 또한 동이가 40세이고, 망이가 56세니라!"

"에엣?"

"따라와!"

자기보다 키가 큰 동이를 아래위로 훑어보며 망이가 큰 소리로 말하자 동이가 조용히 뒤따라갔다.

뒷마당에는 어느새 발간 노을이 스며들고 있었다.

우리나라의 수학 역사가 궁금해!

산학은 개인보다는 주로 나랏일에 많이 필요했다. 산학은 하나의 학문이라기보다는 일종의 기술이었고, 산학자들 또한 이론을 연구하는 산학자의 역할보다는 기술 공무원 역할을 했다.

그리하여 산학자들은 밭의 크기에 따라 세금을 매기는 일, 관리들의 급료를 계산하거나 나라의 재산을 관리하는 일, 무역과 관련된 이익과 손해를 계산하는 일, 공사장에 필요한 인부의 수를 계산하는 일, 백성들에게 곡식을 빌려 주거나 나누어 주는 일, 궁궐이나 탑을 건축하는 데 필요한 각종 계산을 하는 일 등을 했다.

삼국 시대, 천문 관측용 수학 지식

우리나라 사람들은 삼국 시대 이전부터 천체 및 기상 현상에 관심이 많았다. 삼국

첨성대 신라 시대 천문을 관측하던 건물. 동양에서 가장 오래된 천문대이다.

시대 일식 관측에 관해서는 김부식이 쓴 《삼국사기》에 처음 등장한다. 일식에 대한 삼국 시대의 기록은 그 시대에도 일식을 관측할 만한 지식이 있었음을 보여 주며, 여기에 산학이 활용되었음을 알 수 있다.

통일 신라, 늘어난 땅 관리에 필요한 수학자
682년(신라 신문왕 2)에 국학이 설립되면서부터 산학이 체계적으로 다루어지기 시작했다. 국학에서 기술 분과의 하나로 산학을 가르쳤다. 국학에서 산학을 가르친 이유는 무엇일까? 신라가 통일을 이룬 뒤 급격히 늘어난 영토를 전문적으로 관리할 사람이 필요했기 때문이다.

고려 시대, 실생활에 활용된 수학
고려 시대에는 신라 산학의 전통을 이어받았으며, 오늘날의 고차 방정식인 '천원술'이 중국에서 들어왔다. 국자감에서 산학을 가르쳤는데, 입학 자격에 제한을 두었다(종8품 이하의 자제나 서인 출신). 산학을 가르치는 사람을 '산학박사'라 했고, 벼슬은 종9품이었다.

산학은 일반 지원자는 엄두도 못 내는 특별한 지식이었기에 고려 시대부터 산학자라는 직업이 세습되었다.

조선 시대, 산학자의 가업을 잇다
조선 시대에는 성균관에서 산학을 다루지 않고 호조에서 관할했으며, 산학 기술 관리를 뽑는 산학 취재가 초기부터 실시되었다. 조선에서는 중인이라는 계급이 하나의 신분으로 정착했는데, 중인의 직업은 의학, 역학, 산학 등 기술직 관료가 주를 이루었다. 산학자를 비롯해 기술 관료들은 자신의 직업을 가업으로 이어 갔다.

산학 취재는 고종 말기까지도 존재하다가 1895년(고종 32)부터 학교에서 유럽 식 학교 수학을 가르치기 시작하면서 완전히 사라졌다.

비단 가게에서 문제 풀기

오늘은 오일장이 서는 날이다. 홍정하와 똘이가 시장에 들어섰다. 한창 무르익은 시장은 왁자지껄했고, 똘이는 신이 났다.

"어르신이 지난달에 주문하신 중국산 파란 비단이 들어왔을까요?"

"한 달이나 지났으니 가져다 놓았을 게다."

비단 가게에 들어서자, 주인이 호들갑을 떨며 두 사람을 맞았다.

"어서 오십쇼! 조선, 중국, 일본의 신상품들은 여기 다 모여 있습죠. 목화솜은 안 필요하신가요? 요즘은 목화솜을 넣어 누빈 비단옷을 입는 게 유행입니다요!"

"하하, 다음에 나도 입어 보리다. 내가 주문한 푸른색 능비단이나 좀 봅시다."

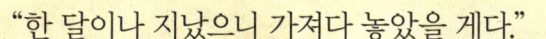

"푸른색 능비단이요? 이런, 홍 교수님이시로군요. 에고, 에고, 몰라봬서 죄송합니다. 그럼요. 들어왔고 말고요. 곧 대령하겠습니다요."

가게 안쪽에 들어간 주인은 곧 푸른 비단 뭉치를 들고 나왔다.

"우리 어르신이 색감이 있으시네요. 싱싱한 바다에서 펄떡이는 고등어 같은 푸른색입니다요. 비단 보는 눈이 아주 높으시네요."

가게 주인이 내놓은 비단을 풀어 이리저리 살펴보던 홍정하의 표정이 갑자기 굳어졌다.

"아니, 이건 내가 주문한 비단이 아니지 않소?"

그러자 똘이가 귓속말로 말했다.

"일본산을 국산이라고 속인 거죠?"

홍정하는 똘이의 말에는 아랑곳 않고 계속해서 말했다.

"이건…… 너비가 너무 넓지 않소?"

"엥? 무슨 말씀이신지……."

"내가 주문한 것은 분명 너비가 1자 8치짜리 푸른색 능비단으로 1필 11자만큼이었소. 그런데 이건 너비가 2자 5치나 되지 않소?"

"아, 맞다! 그때 나도 따라왔는데, 우리 어르신이 너비가 1자 8치라고 하셨던 걸 제 두 귀로 분명히 들었어요."

똘이가 거들었다.

당황한 가게 주인은 허둥대며 장부를 펼쳤다. 그런데 장부에는 '홍정하-푸른색 능비단 1필 11자'라고만 적혀 있는 게 아닌가?

'아뿔싸! 내가 깜박하고 너비를 적지 않았구나, 이를 어쩌지?'

가게 주인은 애써 불쌍한 표정을 지으며 머리를 조아렸다.

"죄송하지만…… 이걸로 가져가시면 안 될까요? 이게 너비가 더 넓어서 옷 만들기는 좋을 텐데. 다시 주문해서 들어오려면 이번엔 두 달은 족히 걸릴 듯합니다요……. 그때까지 기다리시기는 좀……."

똘이가 너그러운 표정을 지으며 홍정하에게 말했다.

"에이, 너비가 좀 넓으면 어때요? 넓이만 같으면 상관없잖아요?"

"음……."

잠시 생각을 하던 홍정하가 말했다.

"네 말도 맞구나. 그럼 나는 이만 가 봐야 하니, 가게 주인에게 내가 주문한 것과 같은 넓이로 잘라 달라고 해서 집으로 가지고 오너라."

"네?"

홍정하는 말이 끝나기가 무섭게 자리를 박차고 도포 자락을 휘날리며 가게를 나갔다.

똘이는 홍징하의 뒷모습을 향해 "아이, 무식한 제가 그걸 어떻게 알아요?" 하며 울상을 지었다.

비단 가게 주인은 가위를 빠르게 째깍거렸다.

"얼마? 얼마나 잘라 주면 될까? 이제 곧 손님이 몰려올 거라 내가 좀 바쁘니까 얼른 말하려무나!"

위기의 순간, 똘이는 비단의 길이를 알아낼 수 있을까?

❖ ❖

"저기요, 1필은 몇 자예요?"

정신을 가다듬은 똘이가 가게 주인에게 물었다.

"1필이 35자라는 건 너 빼고 세상이 다 알 거다!"

"1자 8치라는 건 무슨 말이에요?"

"이런 무식한 녀석……. 너는 길이의 기본 상식도 모르는구나. 자, 보거라. 1자를 10개로 나누어 1치, 2치, 3치…… 10치 그러는 거다. 그러니까 1자가 곧 10치라는 거지."

그러자 똘이가 주머니에서 보자기를 꺼냈다. 보자기 속엔 산가지 수십 개가 들어 있었다. 바닥에 보자기를 펴 산가지를 늘어놓고는 이리저리 옮기던 똘이. 금세 환한 웃음을 지었다.

"알았어요!"

"알았다고?"

"1필은 35자이고, 1자는 10치라면서요? 주인어른이 사려던 게 1필 11자니까 길이는 35자 더하기 11자, 즉 46자잖아요."

"그렇지!"

"주인어른이 사려던 비단의 너비가 1자 8치였으니까 치로 따지면 18치 맞지요?"

"그렇고말고!"

"너비가 18치이고 길이가 46자면 넓이는 18 곱하기 46, 즉 828."

"곱하기? 뭐, 그렇다 치고. 계속해 보거라."

"아저씨가 내놓은 비단의 너비는 2자 5치니까 치로 따지면 25치죠?"

"그렇지."

"너비가 25치인데 넓이가 828이 되어야 하니까 828을 25로 나누면 되죠!"

"나누기? 그건 또 뭐냐? 쳇, 1자 8치가 얼마인지도 모르는 녀석이 별 어려운 계산을 다 하는구먼……. 바쁘니까 빨리빨리 결론만 말해라. 그래서 길이가 얼마라고?"

"828 나누기 25를 하면 33자 1치 2푼. 푸른색 능비단을 33자 1치 2푼만큼 주시면 돼요."

가게 주인이 무엇에 홀린 듯한 표정으로 서 있자, 똘이가 눈을 찡긋해 보였다.

"정확히 자르기가 힘들면 그냥 33자 2치만큼 주셔도 되고요. 그런 걸 '덤'이라고 하죠!"

87

조선의 **물품 화폐와 계산법**

조선 시대에는 금속 화폐뿐 아니라 물품 화폐도 있었다. 명주, 베 등 옷감이 물품 화폐로 쓰였다. 옷감을 재던 자는 '포백척(대나무로 만든 바느질 자)'이며, 상인들은 돈 대신 옷감으로 값을 지불하는 손님들을 위해 포백척을 늘 지니고 다녔다. 포백척의 길이는 약 46센티미터였다.

포백척

옷감

1678년 상평통보가 발행되기 전에는 명주와 베 등의 옷감이나 은이 화폐 역할을 했다. 손님이 화폐 대신 옷감을 주면 그것을 자로 재어 값을 계산했다. 과일 가게에서 손님이 과일 값으로 옷감을 내기도 하고, 군대에서는 군인들에게 급료를 옷감으로 주기도 했다. 옷감은 생활에 꼭 필요한 옷을 만들 뿐 아니라, 다른 물건과 교환하는 화폐의 가치도 지녔던 것이다.

은화

조선 시대에는 임진왜란 때 명나라 군대가 은을 사용함에 따라 은화가 유행했다. 은 하나는 은 1냥이고, 400닢 또는 400문에 해당한다.

화폐

조선 전기에는 금속 화폐가 제대로 쓰이지 않았다. 이후 1678년(숙종 4)에 상평통보가 만들어지면서 이것이 화폐 역할을 했다. 이때 화폐 단위의 기준은 '냥'이었고, 그 보조 화폐 단위로 문, 전, 관, 정이 사용되었다. 구리 동전 하나를 1닢 또는 1문이라고 했다.

1정=10관
1관=10냥
1냥=10전
1전=10문(닢)

상평통보

봄이 아씨의 나비단

가게 주인에게 비단을 받아 들고 가게를 막 나온 똘이가 걸음을 멈추었다. 봄이 아씨가 몸종 은단이와 함께 가게로 들어가고 있었기 때문이다.

은단이는 보따리를 들고 있었고, 끌고 온 당나귀 등에도 한 짐이 실려 있었다. 아마도 비단 같았다.

'저 아씨도 우리처럼 비단을 잘못 사 갔나? 아니면 불량품?'

불량품이면 큰일이라는 생각에 똘이는 무슨 사연인지 잠시 엿보기로 했다.

"아니, 봄이 아씨가 웬일이십니까?"

비단 가게 주인은 반가운 낯으로 아씨 일행을 맞았다.

"그동안 잘 지냈는가?"

"잘 지냈고말고요. 마님 병환은 좀 어떠신지요?"

가게 주인이 못할 말이라도 했다는 듯 은단이가 흘겨보았다.

"조금씩 좋아지고 계시네."

"아이고, 다행입니다요. 그럼, 그래야지요."

인사를 끝낸 비단 가게 주인이 그제야 은단이가 들고 있던 보따리를 쳐다보았다.

"무슨 일로 오셨는지요?"

"그게……"

아씨가 잠시 망설이며 멈칫하자, 은단이가 대신 말했다. 애써 담담해지려는 목소리였다.

"비단 팔러 왔어요."

"아, 네. 그럼 제가 좀 봐도 되겠습니까요?"

비단은 꽤 두툼했다.

"아이고, 이걸 다 파시게요? 이게 다 몇 필이나 되는 건가요?"

주인은 아씨에게 물었지만, 이번에도 은단이가 대신 대답했다.

"모두 72필이에요."

"아, 72필……"

비단을 이리저리 살펴보던 가게 주인이 물었다.

"근데 이 비단은 어디서 난 것입니까? 중국산처럼 보이지는 않아서……."

"…… 내 외할머니께서 직접 짜신 게요."

봄이 아씨가 낮은 목소리로 차분히 말했다. 강한 자존심이 묻어나는 목소리였다.

"이게 다 우리 마님이 시집오실 때 가져온 거라고요."

퉁명스럽게 말을 뱉은 은단이는 금방이라도 울 듯했다.

"고급은 고급이지요. 하지만……."

"하지만?"

아씨의 눈빛이 초조한 듯 흔들렸다.

"비단에는 두 가지가 있습니다. 두꺼운 비단과 얇은 비단. 두꺼운 비단은 '능비단'이라고 하고, 얇은 비단은 '나비단'이라고 합니다."

"그 정도는 나도 알고 있소."

"아씨가 가져오신 이 비단은 모두 얇은 나비단입니다요."

은단이가 물었다.

"나비단이 능비단보다 더 비싼 거죠?"

"아니다. 당연히 얇은 비단보다는 두꺼운 비단이 훨씬 비싸지. 게다가 요즘은 싸구려 나비단을 찾는 사람도 드물고……."

순간 봄이 아씨와 은단의 표정이 굳어졌다.

잠시 생각을 하던 주인이 말을 이었다.

"뭐, 나비단이긴 하지만 품질이 좋으니 찾는 손님이 있긴 할 것 같습니다요."

"그래서…… 사겠다는 거요?"

"네, 사겠습니다요."

"몇 필이나 사겠소?"

"이거 다 제가 사겠습니다요."

"고맙소. 1필에는 얼마를 주겠소?"

"나비단 4필이 능비단 3필 값이고, 요즘은 능비단 1필이 4냥이니까……."

가게 주인이 머리를 긁적였다.

"그러니까 이게 모두 얼마냐면……."

주인은 고개를 몇 번 갸우뚱거리더니 주판알만 괜히 올렸다 내렸다를 반복했다.

"아저씨!"

그 순간 똘이가 가게로 들어왔다. 홍정하 교수 댁 마당쇠인 똘이를 알아본 아씨와 은단이는 얼른 안쪽으로 몸을 숨겼다. 비단을 팔러 나왔다는 것이 산학자들 사이에 소문이 날까 두려웠기 때문이다.

"아니, 똘이 너 아직 안 가고 여기서 뭐 하는 게냐?"

"헤헤, 비단을 실은 나귀가 보이기에 궁금해서 들어왔습니다요."

가게 주인은 똘이의 등장이 반가웠다.

"너 마침 잘 왔구나."

"왜요?"

"능비단 한 필이 4냥이고, 능비단 3필 값이 나비단 4필 값이라면, 나비단 72필은 얼마인지 알 수 있느냐?"

똘이가 미소를 지었다.

"그거야 쉽죠. 그런데 그 전에 궁금한 게 있는데요?"

똘이가 안쪽 방을 살펴보며 귓속말로 물었다.

"저 아씨는 여기 왜 온 거예요?"

"비밀인데…… 비단을 팔러 온 거란다."

"불량품이라서 교환하러 온 게 아니었어요?"

"불량품? 대체 뭔 소리를 하는 게냐?"

가게 주인이 버럭 소리를 질렀다.

"아, 아니에요. 난 또 비단을 반품하러 온 줄 알았죠. 헤헤……."

"이것도 비밀인데……."

주인의 목소리가 좀 더 작아졌다.

"저 아씨 어머님이 아주 큰 병에 걸리셨단다. 그래서 약값을 마련하려고 비단을 팔러 나온 게야."

"아……."

"그건 그렇고."

주인이 정색을 했다.

"그건 그렇고?"

"능비단 1필이 4냥이고, 능비단 3필 값이 나비단 4필 값이라면, 나비단 72필은 얼마겠느냐?"

똘이가 씩 웃었다.

"음…… 지금 나비단이 72필 있잖아요?"

"그래서?"

"나비단 72필을 4필씩 묶어서 따로따로 보자기에 싸면 모두 몇 보따리나 되죠?"

"그야 4필씩 싼 보따리가 10개면…… 모르겠다……."

"72필을 다 싸면 18보따리잖아요?"

"뭐, 그렇다고 치자."

"보자기에 싼 채로 그걸 몽땅 능비단과 바꾸면요?"

"나비단 4필을 능비단 3필과 바꿀 수 있으니까…… 능비단 3필씩 담은 보따리 18개랑 바꿀 수 있지."

"그렇죠? 그럼, 이제 한 보따리에 든 비단 값이 얼마죠?"

"능비단 1필이 4냥이니까 3필이면 12냥, 나비단 4필 값도 12냥, 한 보따리는 12냥씩이지."

똘이는 이번에도 산가지를 싼 보따리를 풀었다. 그러면서 "12냥짜리 보따리가 18개니까 12 곱하기 18은…… 216!" 하더니, "216냥입니다요."라고 다부지게 말했다.

가게 주인은 안쪽 방에 있던 아씨를 향해 큰 소리로 말했다.

"봄이 아씨, 비단 값은 모두 216냥입니다요!"

홍정하는 집에 돌아온 똘이로부터 시장에서 봄이 아씨를 만난 이야기며, 능비단과 나비단 이야기를 들었다. 홍정하는 이 이야기를 문제로 만들어서 자신이 쓰고 있던 《구일집》에 적어 넣었다.

조선 수학을 빛낸 수학자와 수학책

조선 시대에는 산학 교과서로 중국 산학책을 사용했다. 조선 산학자가 지은 산학책들도 거의가 중국의 《구장산술》을 본떠 '문제-답-풀이' 형식으로 되어 있다.

경선징, 《묵사집산법》
홍정하 외가의 조상인 경선징은 중인 출신으로서 당대 최고의 산학자였다. 경선징이 직접 쓴 산학책 《묵사집산법》은 중국의 《산학계몽》 체제를 모방했다. 하지만 《산학계몽》에서는 곱셈구구를 1단부터 시작하는 데 비해 《묵사집산법》에서는 고대의 전통에 따라 9단부터 시작하고 있다. 이유가 무엇일까?

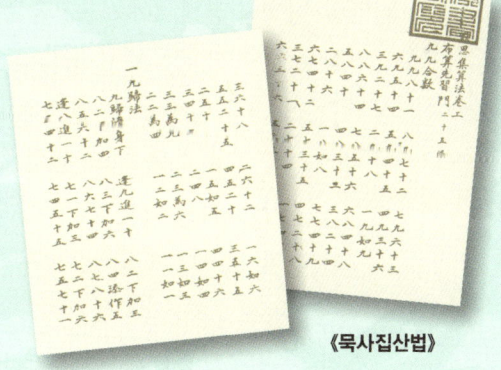

《묵사집산법》

고대로부터 9를 좋은 수라고 생각했기 때문에 곱셈을 할 때 9단부터 시작하는 관습이 있었다. 그러다가 중국 송나라 때부터는 1단부터 외우기 시작했는데, 경선징이 이를 원래대로 바로잡은 것이다. 이를 보아 경선징은 산학의 전통을 되찾으려는 의지가 강했던 것 같다.

최석정, 《구수략》

최석정(1646~1715)은 조선 시대 학자이자 정치가였다. 이름 있는 양반 가문에서 태어나 30세에 진사 시험에 수석으로 합격하여 영의정까지 지냈고, 산학책인 《구수략》을 썼다.

《구수략》에 마테오리치의 《기하원본》이 인용서 목록에 있는 것으로 보아 최석정은 서양의 수학을 접했던 것 같다. 이는 최석정이 양반 신분이었기에 가능했을 것이다. 중인 신분의 산학자들은 실학자를 비롯한 양반 지식인들에 비해 중국의 사정에 어두웠는데, 사대부는 직간접적으로 중국 문명과 유럽 문명을 접할 수 있었지만 중인은 그렇지 못했기 때문이다.

《구수략》의 가장 큰 특징은 '마방진'이다. 최석정은 중국 《양휘산법》에 들어 있는 마방진 외에 스스로 만든 마방진을 추가하고, 이름도 붙였다. 최석정이 마방진을 만든 이유는 퍼즐로서의 재미보다는 수의 신비로움을 보여주어 천하를 다스리는 원리로서의 수를 강조하기 위함이었다.

남병철·남병길 형제, 《유씨구고술요도해》

남병길(1820~1869)은 조선 철종 때의 산학자이자 천문학자이다. 형인 남병철(1817~1863)과 함께 조선 후기 양반 출신의 산학자 형제로 유명하며, 뛰어난 감수성과 열정으로 여러 권의 책을 저술했다. 49세의 나이로 죽기까지 남병길이 지은 책은 무려 30권이나 된다. 그는 산학뿐 아니라 천문학에도 조예가 깊어 천문학 책도 많이 썼다. 대표적인 산학책으로는 《구장술해》, 《유씨구고술요도해》, 《산학정의》, 《집고연단》 등이 있다.

특히 《유씨구고술요도해》는 저자가 '유씨'라고만 되어 있는 《구고술요》 필사본을 우연히 얻은 뒤, 이 책의 내용에 직각삼각형 등 그림을 이용해서 해설을 덧붙인 책이다. 산학 문제 풀이에 그림을 사용한 것이 이 책의 가장 큰 특징이다. 남병길은 《측량도해》라는 자신의 책에 원의 넓이를 직각삼각형으로 바꾸어서 구하는 과정을 그림으로 남기기도 했다.

《측량도해》 중 원의 넓이를 직각삼각형으로 바꿔 구하는 그림

《유씨구고술요도해》

"형님, 문제 풀이에 그림을 넣어 보았습니다."

"그거 좋은 생각이구나, 아우야~"

  이 책의 서문에서 남병길은 《구고술요》를 얻게 된 과정을 설명했다. 그리고 저자인 유씨는 아마도 홍정하가 중국의 천문학자인 하국주를 만났을 때 같이 갔던 유수석이 아닐까 하는 자신의 생각을 비쳤다. 당시 유수석이 하국주로부터 피타고라스 정리에 관한 책인 《구고도설》이라는 책을 얻은 바가 있기 때문이다.

할아버지의 부탁

가을걷이가 한창인 어느 날, 한 노인이 홍정하의 집을 찾아왔다.
"자네 소문은 익히 들었네. 자네가 아버지와 할아버지를 능가하는 대단한 산학자라고들 하더군."

홍정하는 겸손한 미소를 지었다.

"어르신, 과찬이십니다. 그나저나 여기까지 오신 연유가 무엇이신지요?"

"나는 저 산꼭대기에서 조그마한 땅을 부쳐 먹고살고 있다오. 간신히 내 입에 풀칠이나 하는 정도지. 쿨럭……."

기침을 하는 노인을 자세히 보니 초점이 흐린 눈은 움푹 들어갔고, 볼은 패였다. 며칠 굶은 것

처럼 기운이 없어 보였다.

"겨우 나 하나 먹고살 수 있을 정도의 손바닥만 한 땅인데, 세금을 내고 나면 거의 굶을 지경이라오."

"네? 말도 안 돼요! 밭이 작으면 세금도 적게 내지 않나요?"

똘이가 출랑대며 나섰다.

홍정하는 헛기침을 하며 '어르신 말씀에 끼어들면 안 된다.'는 신호를 보내고, 노인에게 물었다.

"대동법*이 시행된 지 꽤 되었고, 세관들이 밭의 크기를 일일이 다 재어서 세금을 매길 텐데, 어찌 그런 일이 있는지요?"

"관가에서 우리 밭에 직접 사람을 보내 땅의 크기를 재어 갔다면 적당한 세금을 매겼을 거라고 나도 믿네."

"그렇다면 밭의 크기를 재지도 않고 자기네 멋대로 세금을 매겼단 말씀인지요?"

"내가 사는 곳이 하도 험해서 아무도 오려고 하지 않는다네. 다들 귀찮은 게지. 쿨럭……."

"그럼, 지금까지 어르신께서 직접 땅을 재셨던 것인지요?"

"그렇다네."

대동법• 조선 중기·후기에 나라의 여러 가지 세금을 쌀로 통일하여 거두어들인 제도. 토지 1결당 쌀 12두를 납부했다. 대동법의 실시로 관청에 물품을 조달하는 상인인 '공인'이 등장했고, 화폐가 유용하다는 인식이 생겼다. 이때부터 상평통보가 널리 쓰이면서 상업이 발달했다.
보• 보통 장년 남자의 한 걸음 정도의 거리이다. 넓이의 단위로도 쓰였다.

"아하! 할아버지가 땅 부자로 보이고 싶어서 밭의 크기를 부풀리신 거로군요?"

똘이가 음흉한 표정을 지으며 까불자, 보다 못한 홍정하가 호통을 쳤다.

"이 녀석, 버르장머리가 없구나!"

"이 아이 말이 아예 틀린 건 아니오. 아무래도 내 잘못으로 땅의 크기가 크게 부풀려진 것 같소."

"어르신 땅은 어떻게 생겼습니까?"

노인은 방바닥에 땅의 모양을 손으로 그려 보였다. 사각형이었다. 하지만 대강 그린 것이라 직사각형인지 정사각형인지는 분명하지 않았다.

"이쪽과 이쪽은 나무가 우거져서 들어갈 수가 없소. 세관들이 직접 왔어도 이 길이를 잴 수는 없었을 것이오. 나도 항상 이렇게 밭 한가운데로 난 길로만 다니니까."

노인은 사각형의 대각선을 가로질러 가는 흉내를 내며 말했다.

"그 거리는 얼마나 되는지요?"

"28보*라오. 그래서 관가에 '밭 모양은 네모이고, 길이가 28보'라고 신고했지."

노인은 크게 한숨을 쉬고는 계속해서 말했다.

"부탁하네만, 내 땅에 직접 와 주겠나? 저 산꼭대기에 있는 커다란 소나무 아래에 있다네."

직접 오라는 말에 똘이가 펄쩍 뛰었다.

"말도 안 돼요! 우리 주인어른이 얼마나 바쁘신데요! 궐에 출근도 하시

랴, 산학책도 쓰시느라 끼니도 거를 정도인걸요! 하긴 직접 가신다 해도 별 도움은 안 되실걸요? 우리 주인어른은 측량사가 아니라 산학자거든요! 아얏!"

홍정하가 똘이의 뒤통수를 한 대 쥐어박으며 노인을 향해 공손하게 말했다.

"근무를 교대로 하고 있어서 시간을 낼 수 있습니다. 게다가 세금과 관련된 일이므로 제 업무와 무관하다고 볼 수도 없을 듯합니다. 제가 닷새 뒤에 가 보도록 하지요."

순간 노인의 눈에 반짝 눈물이 일었다.

"고마우이, 정말 고마우이. 산학자들은 우리 같은 보통 사람들의 일에는 관심 없고 나랏일만 본다고 들어서 처음엔 도움을 청할 생각도 안 했다네. 자네 같은 따뜻한 마음씨를 가진 산학자도 있다는 걸 내 이제야 알다니."

닷새 뒤, 산들산들 바람이 불고 햇볕이 따사로운 오후. 똘이를 앞세우고 홍정하가 꼬불꼬불한 산비탈을 올랐다. 산길의 바로 왼쪽은 가파른 절벽이고, 오른쪽은 낭떠러지. 한 발짝 걸을 때마다 오금이 저리고 덜덜 떨렸다.

"주인어른께서 분명히 제게 약속하셨습니다요."

"약속이라니?"

'흥! 이렇게 시치미를 뗄 줄 알았다니까!'

똘이는 자신의 가슴을 치며 말했다.

"아까 이 길 초입에서 분명히 제게 집에 돌아갈 때는 다른 길로 갈 거라고 하셨잖아요!"

"그랬던가?"

"약속은 꼭 지키셔야 합니다요."

"허허, 녀석. 이 길이 그리도 무서우냐? 고개를 들어 주변을 돌아보거라. 여기 산세가 얼마나 좋으냐? 이렇게 두런두런 구경하면서 걷는 게 얼마 만인지 참으로 상쾌하구나."

바로 그때, 어디선가 밤톨만 한 돌멩이 하나가 홍정하에게 날아왔다.

"으악!"

돌멩이를 피하려고 몸을

돌리려는데 그만 몸이 휘청했다. 하마터면 낭떠러지로 떨어질 뻔한 순간, 똘이가 재빨리 홍정하의 허리를 꽉 잡았다. 죽을 뻔한 순간을 모면한 홍정하가 덜덜 떨리는 목소리로 말했다.

"도……돌아갈 때는 다……다른 길로 간다고 내 화……확실히 약속하마."

"헤헤, 당연히 그러셔야죠."

두 사람은 서로를 부둥켜안다시피 하며 조심조심 산길을 올랐다. 그렇게 반나절을 올라갔을 무렵, 비로소 커다란 소나무가 있는 평지가 나타났다.

"와, 소나무다! 그럼, 이제 다 온 거죠?"

"음, 그런 것 같구나."

"어? 사람 사는 집은 안 보이는뎁쇼?"

소나무 있는 데서 눈을 돌려 아래쪽을 보자, 누덕누덕한 너와 지붕이 살짝 보였다. 노인은 너와집 옆의 밭에 서 있었다.

한눈에 보이는 밭의 모양은 정확히 '정사각형'이었다. 홍정하는 미소를 지었다.

'정사각형이라……. 이렇게 되면 문제가 아주 쉬워지는군.'

노인은 그 자리에서 줄곧 일행을 기다린 듯했다.

"정말 와 주었구려. 고맙소……."

"아닙니다. 경치가 정말 훌륭해서 좋은 구경 많이 했습니다."

"예까지 오느라 시장했을 터이니 우선 요기를 좀 하시게나."

노인이 빈대떡 두 장을 내밀었다.

"와, 빈대떡이다!"

똘이가 달려들며 한 장을 들자, 홍정하가 "어허!" 하면서 빼앗았다.

그러더니 둥근 빈대떡을 정사각형 모양으로 자르는 게 아닌가?

"아유, 더러워! 손도 아직 안 씻으셨잖아요!"

홍정하는 아랑곳 않고 정사각형 모양으로 만든 빈대떡을 대각선으로 잘라 직각삼각형 두 조각을 만들었다. 그러고는 남은 빈대떡 한 장을 처음 빈대떡으로 만든 정사각형의 대각선 길이가 한 변이 되는 정사각형으로 잘랐다.

똘이는 홍정하가 주물럭거리는 빈대떡을 보고 군침을 꼴깍 삼켰다. 아까부터 뱃속에서 꼬르륵대는 소리가 났다. 그런데 홍정하는 뭘 하려는

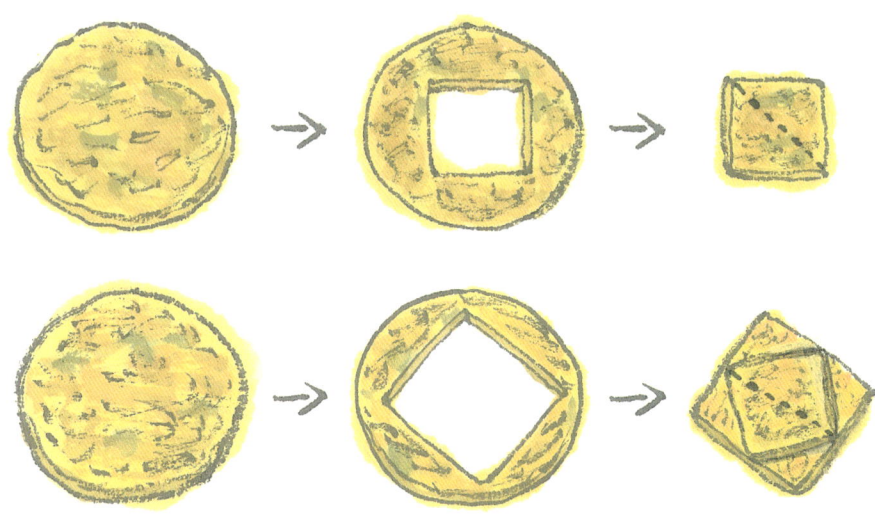

것일까?

"아, 정말 대체 뭐 하시는 겝니까?"

"봐라. 누구 게 더 크냐?"

"쳇, 지금 그걸 말이라고 하시는 겁니까요? 척 보기에도 주인어른 빈대떡이 더 크잖아요."

똘이의 볼이 잔뜩 부풀었다.

"네 빈대떡의 대각선이 28보라면 내 빈대떡의 넓이는 얼마나 되느냐?"

"그야 주인님 빈대떡의 한 변이 28보라는 얘기니까······."

어느새 허리춤에서 산가지를 꺼내어 바닥에 놓은 똘이. 보자기를 펼치고 계산을 하기 시작했다.

"한 변의 길이를 두 번 곱하면 되니까······ 28 곱하기 28은······ 784보

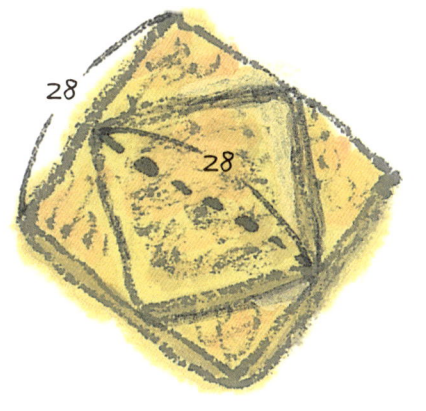

28×28=784

784÷2=392

입니다요."

"그렇다면 네 빈대떡의 넓이는?"

"아우, 배고파 죽겠는데 왜 자꾸 시시한 걸 물으시는지……. 자, 보세요. 제 빈대떡이 주인님 빈대떡의 절반이니까, 784 나누기 2. 그러면 392보. 됐죠? 그럼 저는 이제 좀 먹겠습니다요."

순간, 똘이의 머릿속에 번개가 반짝했다. 빈대떡을 입에 넣으려다 말고, 옆에 서 있는 할아버지에게 외쳤다.

"할아버지, 할아버지. 이 밭의 크기는 392보예요!"

그러면서 한마디를 덧붙였다.

"그동안 할아버지 땅이 2배로 부풀려졌던 거예요. 이제는 세금이 절반만 나올 거예요!"

어떤 수 x를 구하라!

'천원술'이란 방정식 문제를 풀기 위해 산가지로 식을 만들어 해결하는 방법을 말한다. 그런데 조선 시대에는 'x'라는 문자도 없었고 '+, -, =' 같은 기호도 없었는데 어떻게 식을 세웠을까? 바둑판 모양의 계산판 위에 산가지를 놓는 위치로 식을 나타냈다.

   계산판에다 산가지로 식을 나타낼 때는 위에서 아래로 갈수록 차수가 높아진다.

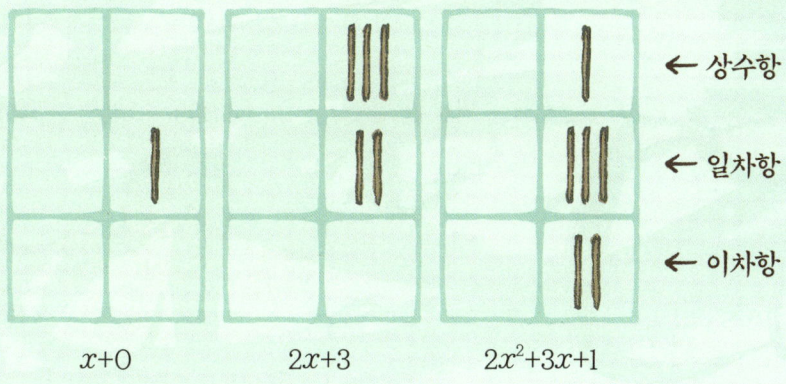

이때 '$x+0$', '$2x+3$' 같은 식을 '일차식', '$2x^2+3x+1$' 같은 식을 '이차식'이라고 부른다. 그리고 일차식, 이차식, 삼차식 등을 통틀어 '다항식'이라고 부른다.

천원술에서는 미지수가 1개인 다항식을 산가지로 나타내어 정답을 구한다. 그런데 왜 '천원술'이라고 부르는 것일까? 앞의 그림에서 일차식 '$x+0$'을 나타낸 계산판을 보면 0의 자리는 비워 두고 그 아래 칸에 1을 놓았다. 일차식 x를 나타내는 이런 모습을 '천원일'이라고 부른다. 즉 천원일은 일차식인 '$x+0$'을 산가지로 나타낸 것을 일컫는 이름이다. 이로부터 산가지를 계산판 위에 놓아 식을 나타내고 이 산가지들을 조작하여 정답을 구하는 과정을 '천원술'이라고 부르게 되었다. 천원술을 사용해 문제를 해결할 때는 '입천원일(立天元一)'이라는 말로 시작했는데, '어떤 것을 미지수로 삼는다.'는 뜻이다.

그렇다면 미지수 x를 구하는 과정은 어떠했을까?

예를 들어, '어떤 수의 2배는 6이다. 어떤 수는 얼마인가?'라는 문제가 있다고 하자. 구하는 어떤 수를 x라고 한 다음 식을 세우면 '$2x=6$'이고, 이 식을 다시 '$2x-6=0$'이라고 쓸 수 있다.

천원술을 사용해 문제를 풀 때는 다음과 같이 계산판 위에 세로로 산가지 식을 만들어 놓고 시작한다.

← 예상한 답

← -6 : 상수항

← $2x$: 일차항

산학책에 음수를 나타낼 때는 일의 자리 산가지 위에 사선을 그려 넣었어요.

이 문제의 정답이 3이 될 것이라는 건 쉽게 예상할 수 있다. 자신이 예상한 답인 3을 맨 윗칸에 산가지로 놓고, 맨 아래의 2와 곱한 다음 상수항과 더해 보아서 0이 되는지를 확인한다. 만약 0이 되면 그 수가 정답이다.

좀 더 복잡한 문제는 어떨까?

'어떤 정사각형의 넓이가 16이다. 한 변의 길이는 얼마인가?'라는 문제가 있다고 하자. 구하고자 하는 것이 한 변의 길이이므로 우리는 이를 x라 하여 '$x^2=16$'이라는 식을 세울 수 있고, 이는 다시 '$x^2-16=0$'이라는 식으로 바꿀 수 있다. 이때 x^2을 이차항이라고 하고, 이 식에서 이차항의 계수는 1이며 상수항은 -16이다. 그런데 이 식에는 x항, 즉 일차항이 없다. 따라서 이것을 항의 차례에 맞게 '$x^2+0\times x-16=0$'이라고 쓸 수 있다.

《구일집》에 실려 있는 총 473개의 문제 중 방정식 문제가 166개나 되는데, 넓이에 관한 문제들은 결국 이차방정식 문제이고 이와 같이 천원술을 사용해 해결했다.

115

누구 땅이 더 넓을까?

밭에서 나온 홍정하와 똘이가 산길을 내려가려 하자 노인이 극구 말렸다.

"여기까지 힘들게 올라왔는데 누추한 집에서 나마 식사 한 끼 하고 가시오. 그리고 미처 말하지 못했지만…… 한 가지 청이 더 있소."

"네에? 숨겨 둔 땅이라도 있습니까?"

"똘이 이 녀석, 말 삼가거라! 네, 어르신. 그렇잖아도 한숨 고르고 내려가려던 참이었습니다."

날아가듯 뛰어가는 똘이를 앞세우고 홍정하가 천천히 노인의 집에 들어서니, 툇마루에 낯선 노인이 있었다.

"자네가 그 유명하다는 홍 교수인가?"

"유명하진 않지만 홍 교수는 맞습니다."

홍정하와 노인이 서로 인사를 나누는 동안 똘이는 낯선 노인을 머리 끝에서 발끝까지 훑어보았다.

'이마에 주름이 잔뜩 팬 것으로 보아 성격은 좀 괴팍할 것 같고, 옷차림새로는 형편이 그리 넉넉해 보이지 않는걸. 누구지?'

똘이가 고개를 갸우뚱거리며 뒷짐을 지고 노인의 주변을 왔다 갔다 하며 살피는데, 주인 할아버지가 집으로 들어왔다.

"이런! 벌써 인사를 나누었구먼. 홍 교수, 이분은 내 형님일세. 여기서 이러지들 말고 안으로 들어갑시다."

마루에 앉아 주인어른을 기다리며 빈대떡을 몇 개나 집어 먹었을까, 어느 정도 배가 차서 주변을 돌아보니 어느새 해가 뉘엿뉘엿 지고 있었다. 똘이의 마음이 급해졌다.

'아, 산길을 내려가다 깜깜해지면 큰일인데······.'

아까 겪은 일을 떠올리자 등골이 오싹해지면서 식은땀이 절로 났다.

'왜 아직도 안 나오시는 거야? 도대체 무슨 얘기들을 하시는 거지?'

똘이는 손가락에 침을 발라 창호지에 구멍을 뚫고 방 안을 들여다보았다.

❖ ❖

"홍 교수, 오늘 우리 형님을 이리 오시라고 한 것도 자네가 우리 형님을 도와주었으면 해서네."

똘이의 눈이 반짝였다.

'무슨 문제가 있나?'

"제가 어떤 도움을 드릴 수 있을는지요?"

홍정하가 겸손한 태도로 말했다.

"우리 형님 땅의 크기를 정확히 알려 주었으면 하네."

"내 땅은 아주 작다네. 동생 땅보다도 작지. 훨씬 작아."

형의 말에 동생이 펄쩍 뛰며 말했다.

"아니, 형님. 그게 무슨 말씀이십니까? 아버님이 돌아가실 때 우리 형제 중에서 형님에게 땅을 더 많이 물려주셨다는 건 이 세상 사람들이 다 알고 있는 사실인데요……."

"쳇! 아버님이 맏아들인 나보다 자네를 더 어여삐 여기신 것도 세상이 다 알걸세."

"형님, 그건 순전히 형님의 오해입니다요. 쿨럭……."

형님 노인이 버럭 소리를 질렀다.

"그렇다면 왜 내 땅이 자네 땅보다 작은지, 당장 그 이유를 대 보시게나!"

'아, 이번에도 땅 문제로구나.'

똘이는 이 불편한 자리를 어서 벗어나고 싶었다. 왜 주인어른이 두 분의 다툼에 끼어 있어야 한단 말인가?

'주인어른, 우리는 이쯤에서 빠지는 게 좋겠는데요?'

똘이는 마음속으로 간절히 신호를 보냈다.

"……."

동생이 말이 없자, 형님 노인의 목소리가 한층 커졌다.

"말해 보게. 자네 땅을 가로지르면 28보나 되는데, 내 땅은 겨우 24보 아닌가? 그런데도 내 땅이 더 크다고 하다니? 그런 억지가 어디 있나?"

그때까지 조용히 듣고 있던 홍정하가 형님 노인에게 물었다.

"어르신의 땅 모양은 어떻게 생겼습니까?"

"흠! 내 땅은 둥글다네. 밥그릇처럼 동그랗지."

'밥그릇처럼 생겼다고? 원 모양의 땅이로군. 그렇다면 지름이 24보인 원의 넓이를 알아내야 하는데.'

그 순간 홍정하는 똘이에게 누룽지로 장난치던 날이 떠올랐다.

홍정하는 정자에서 산학책을 보고, 똘이는 돌계단 아래서 방금 떼어 낸 둥근 누룽지를 들고 놀고 있었다. 입으로 누룽지를 살금살금 뜯어내서 원 모양을 만들고는 "이건 보름달!" 하고, 절반으로 자르고는 "어라? 이건 반달이네." 하며 반달 모양의 누룽지를 반으로 한 번씩 더 잘랐다.

"헤헤, 이건 부채 같기도 하고 직각삼각형 같기도 하네. 어디부터 먹어야 더 맛있을까?"

까맣게 탄 바깥 부분부터 아작아작 씹어 먹고 있는데, 홍정하가 갑자기 문제를 냈다.

"원 모양의 땅이 있는데, 지름이 1자이다. 그렇다면 그 둘레는 몇 자이겠느냐?"

"모르겠는데요?"

"생각도 안 해 보고 모른다고 하면 되느냐?"

"아이참, 생각을 하나 안 하나 모르는 건 모르는 겁니다요."

"쯧쯧…… 가엾은 녀석하고는."

그러더니 자세를 바로잡고 똘이를 똑바로 보았다.

"잘 듣거라. 지름이 1자이면 둘레는 3자이니라."

"왜요?"

"새어 보니까 그런 거지. 예전부터 내려온 진실이란다. 이때 3을 '둘레의 법(원주율)'이라고 한다는 건 상식이고."

"쳇, 그거야 산학자님들의 상식이죠."

다시 태어나면 똘이는 양반이나 왕족이 아닌 꼭 중인으로 태어나고 싶다. 그래야 산학자가 될 수 있으니까. 노비 신분인 현재 자신의 신세를 떠올리자 갑자기 심술이 난 똘이는 주인어른을 골탕 먹이고 싶어 질문을 했다.

"그럼, 원의 지름이 2자면 둘레는 얼마입니까요?"

 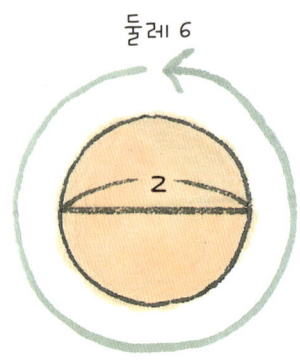

"지름 2에다 둘레의 법인 3을 곱하면 되지."

"2 곱하기 3을 하라굽쇼? 그럼, 6자네요."

"정답이다."

어라? 분명히 문제 출제자는 똘이였는데 어느새 입장이 바뀌어 똘이가 문제를 맞히고 있었다. 약이 오른 똘이가 다시 한 번 문제를 냈다.

"지름이 10자면요?"

"네가 한번 맞혀 보거라."

"음…… 지름 10에다 둘레의 법인 3을 곱하면 30. 둘레는 30자입니다요!"

"녀석, 제법이구나. 문제를 하나 더 내마. 원의 넓이를 구하려면 어떻게 해야 하겠느냐?"

"음…… 넓이는, 넓이는…… 아이참, 몇 번을 말씀드려야 합니까요. 모르는 건 모르는 겁니다요!"

"허허, 그래. 내가 너에게 너무 벅찬 것을 물었구나. 원의 넓이를 구하려면 지름을 제곱한 뒤에 둘레의 법인 3을 곱하고, 그것을 다시 4로 나누면 되느니라. 기억해 두거라."

"지름의 제곱에 둘레의 법인 3을 곱하고, 다시 4로 나눈다……. 명심하겠습니다요!"

이날 홍정하는 똘이에게 둘레를 알 때 지름을 구하는 방법과 원의 넓이를 구하는 법까지 알려 주었다. 홍정하는 똘이가 산학 문제 맞히는 모습을 볼 때 누구보다 흐뭇했다. 자신은 산학자 집안에서 태어났기에 어쩔 수 없이 산학자가 되어야 했고, 형제나 자신의 두 아들 운명도 마찬가지다. 하지만 집안이나 직업 때문이 아니라 순수한 열정으로 산학에 호기심을 갖는 똘이가 한편으로는 부럽고 또 기특했기 때문이다.

홍정하가 잠시 그날의 기억을 떠올리는 사이, 방문 밖에서 똘이는 산가지 보자기를 펼치고 계산을 하기 시작했다.

'노인의 땅이 원 모양이고 지름이 24보라면, 넓이는 24 곱하기 24 곱하기 3 나누기 4니까…….'

바로 그때, 방문이 확 열리는 바람에 똘이가 한 바퀴 굴러 마당으로 곤두박질쳐졌다.

"아야!"

"얼마가 나오더냐?"

난데없는 홍정하의 질문에 똘이는 엉거주춤 일어나 사방에 흩어진 산가지를 주워 모으며 기어 들어가는 목소리로 말했다.

"432……입니다요."

"저 아이가 계산한 대로 큰 어르신 땅의 넓이는 432보입니다. 그러니 동생분의 땅보다는 훨씬 넓습니다."

"아니, 지금 저런 노비 녀석이 계산한 것을 내게 믿으라는 거요?"

"제가 계산을 해도 432가 나오는군요."

"허허, 아주 별스러운 녀석일세."

그날 저녁, 홍정하와 똘이는 할아버지가 끓여 주신 누룽지 된장국을 맛있게 먹고 무사히 집으로 돌아왔다.

조선 시대에 땅의 넓이는 어떻게 구했을까?

조선 시대에 땅의 넓이를 정확히 구하는 것은 매우 중요했다. 생산량에 비례해서 세금을 매겼기 때문이다. 땅이 넓어도 질이 안 좋으면 수확량이 적을 수밖에 없기에 논밭의 질에 따라 등급을 매긴 뒤 그 등급에 따라 세금을 매기기도 했다.

땅의 모양이 반듯반듯한 것만은 아니었다. 정사각형이나 원 모양의 땅도 있지만 대부분은 삐뚤빼뚤한 다각형 모양이었고, 삼각형이나 뿔처럼 생긴 땅도 있었다. 정사각형 논밭은 방전, 직사각형 논밭은 직전, 삼각형 논밭은 규전, 사다리꼴 논밭은 제전, 원 모양의 논밭은 원전, 도넛처럼 속이 빈 모양의 논밭은 환전, 갈고리 모양의 논밭은 구전이라고 불렀다. 산학자들은 이런 다양한 모양에 따른 각각의 넓이 공식을 외우고 있었다.

땅을 잴 때 길이 단위로는 주로 '보'를 사용했는데, 넓이나 부피의 단위도 길이와 구분하지 않고 똑같이 '보'라고 표현했다.

다각형 넓이 구하기

정사각형 논밭인 방전의 넓이를 계산할 때는 가로와 세로의 '보'를 서로 곱해 답을 구했다. 직전의 넓이는 가로와 세로를 곱하면 되고, 제전의 넓이는 대각선을 서로 곱해서 2로 나누면 된다. 네 변의 길이가 모두 다른 사각형은 서로 마주보는 변의 평균을 서로 곱하면 된다.

이등변삼각형이나 일반 삼각형 모양의 땅을 규전이라고 불렀는데, 규전의 넓이는 지금 우리가 하는 것처럼 밑변과 높이를 곱한 다음에 2로 나누어 구했다.

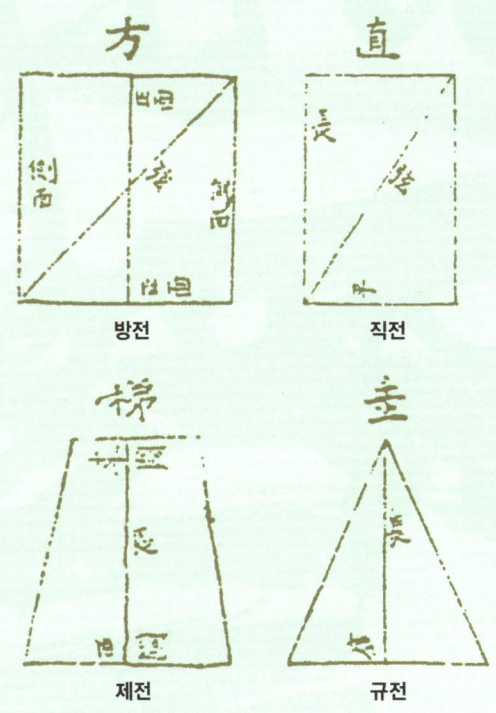

《산학입문》에 실린 밭의 모양새

조선 시대의 원주율

《구일집》에는 네 가지 원주율이 사용되었다. 고대부터 내려오는 '고율'에 따를 때는 원주율을 3으로 계산했고, 유희의 방법에 따를 때는 원주율을 $3\frac{7}{50}$로 계산했으며, 이를 '휘율'이라 불렀다.

조충지의 방법에 따른 원주율은 두 가지가 있다. $3\frac{1}{7}$로 계산할 때는 '약률'이라고 불렀고, $3\frac{16}{113}$으로 계산할 때는 '밀률'이라 불렀다. 밀률은 우리가 지금 사용하는 원주율 '3.141592……'와 가장 비슷하다.

원의 넓이 구하기

《구일집》에서는 세 가지 방법으로 원의 넓이를 구했다. 따지고 보면 결국 똑같은 공식이지만, 이미 알고 있는 수가 무엇인지에 따라 그때그때마다 적절한 공식을 사용한 것이다. 어떻게 이런 공식이 만들어졌는지는 알 수 없으나 경험을 통해 터득한 것으로 보인다.

- 원의 둘레와 지름을 알고 있을 때 원의 넓이 구하기
  (원의 둘레)×(지름)÷4

- 원의 둘레를 알고 있을 때 원의 넓이 구하기
  (원의 둘레)^2×(지름)÷4÷(원의 둘레)

- 원의 지름을 알고 있을 때 원의 넓이 구하기
  (지름)^2×(원의 둘레)÷4÷(지름)

달아난 일꾼

"아이고…… 힘들어."
"굶어 죽을 것 같아 돈 벌러 나왔더니, 이젠 골병이 들어 죽겠구먼!"
홍정하와 똘이가 산학자 모임을 마치고 집으로 가는데 어디선가 한탄하는 소리가 들렸다. 주변을 둘러보니 얼마 전 폭우로 무너진 성벽 근처에서 들리는 듯했다. 그리고 보니 성벽을 다시 쌓는 공사에 필요한 일꾼을 모집한다는 공고문을 본 기억이 났다. 말소리가 나는 곳에서 서너 명의 일꾼이 돌무더기 사이에 쭈그리고 앉아 있는 게 보였다.
"여기서 뭣들 하는 거야?"
바로 그때, 망을 보며 성벽을 돌던 포졸 대장이 일꾼들을 발견하고는 호통을 쳤다.

"어서 일어나서 일을 해. 일을 하라고! 노닥거릴 때가 아니야!"

그러자 일꾼들이 돌아가며 볼멘소리를 했다.

"거 잠깐 쉬지도 못하우?"

"쳇, 우리가 도망가지 않는 것만도 다행으로 알아야지."

포졸 대장은 입에 거품을 물었다.

"뭐라고? 여기서 누가 어떻게 도망을 간다고 헛소리를 하는 거야, 지금?"

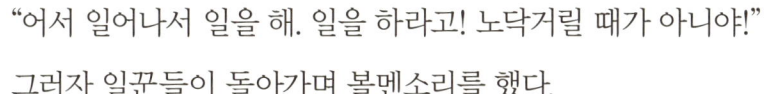

이렇게 삼엄하게 경비를 서는데 도망가는 일꾼이 있다는 건 대장 체면을 사정없이 구기는 일이었다.

"도망간 놈이 어디 한둘인지 아시오……."

가장 나이가 많아 보이는 일꾼이 중얼거리듯 말했다.

"누……누가 감히! 어서 대라. 몇 명이나 도망을 갔단 거냐?"

"몇 명이나 도망갔는지 내가 어찌 알겠소? 그런 일은 포졸 대장이 알아볼 일일 텐데."

나이 지긋한 일꾼이 천천히 일어나 일터로 나가자 나머지도 따라갔다.

바짝 약이 오른 대장은 부하 셋을 불러 모았다.

"일꾼들 중에 도망간 놈들이 있다. 모두 몇 놈이 도망갔는지 지금 당장 알아보거라!"

"네, 알겠습니다!"

그러자 얼굴에 여드름이 잔뜩 난 포졸이 머리를 긁적이며 말했다.

"어떻게 알아보는 겁니까? 집에 숨어 있는 놈들을 일일이 잡아 오라는 말씀입니까?"

"야, 이 답답한 놈아! 원래 일꾼이 600명이었으니까 남아 있는 일꾼이 몇 명인지를 세면 도망간 놈이 몇 명인지 알 수 있지 않느냐?"

그러자 배가 불룩 나온 포졸이 난처한 표정으로 말했다.

"저……저는 11까지는 세는데 그다음엔 헷갈려서……."

"뭐라고? 이 무식한 놈들!"

대장은 화가 머리끝까지 났다. 일꾼들이 도망간 사실을 지금까지 모르고 있었다는 걸 사또가 알면 불호령을 내릴 게 뻔하고, 게다가 몇 명이나 도망갔는지도 모르고 있다면 자신은 이제 죽은 목숨이나 다름없기 때문이다. 대장은 그야말로 미치고 환장할 노릇이었다.

지금까지 이 광경을 지켜보고 있던 똘이가 대장에게 촐랑거리며 다가갔다.

"저기 계신 우리 주인어른이 산학자시거든요. 간단히 세는 방법을 알려 주실 것 같은데."

대장은 홍정하 쪽을 보며 머리를 조아렸다.

"에고, 몰라뵈었습니다요. 바쁘지 않으시면 제게 도움을 좀……."

홍정하는 웃으면서 똘이를 가리켰다.

"하하, 이 아이가 알려 줄 수 있을 거요."

포졸 대장은 갑자기 태도를 바꾸어 기가 막히다는 듯 비웃었다.

"저놈들도 겨우 11까지밖에 못 세는데, 이런 어린 녀석이 대체 무슨 수로 알아낸다는 말이십니까?"

똘이의 볼이 잔뜩 부풀어올랐다. 아무래도 자기 실력을 보여 주어야겠다는 생각에 포졸에게 물었다.

"11까지는 셀 수 있는 거죠?"

그러자 한 포졸이 머뭇거리며 말했다.

"난 7까지밖에 못 세는데."

다른 한 명은 좀 더 자신 있는 목소리로 말했다.

"난 9까지는 셀 수 있어!"

"그럼, 지금 셋이 함께 공사장에 가서 첫 번째 분은 7명씩 세세요. 두 번째 분은 9명씩 세고, 세 번째 분은 11명씩 세세요."

"그……그냥 그러면 되……되는 거냐?"

세 번째 포졸이 말을 더듬으며 말했다.

"뭐? 그렇게 해서 어떻게 전체 몇 명인지를 알아낼 수 있다는 거냐?"

포졸 대장은 의심쩍은 시선으로 홍정하와 똘이를 번갈아 보았다.

"지켜보시오."

홍정하가 말했다. 절로 믿음이 생기게 하는, 기품 있는 말투였다.

"흠! 한번 알아봅시다."

포졸 대장이 성안 한복판으로 일꾼들을 불러 모았다. 그러자 첫 번째 포졸이 일꾼들을 헤아리기 시작했다.

"하나, 둘, 셋, 넷, 다섯, 여섯, 일곱."

그리고 계속해서 세었다.

"다시 하나, 둘, 셋, 넷, 다섯, 여섯, 일곱."

그다음에도 계속 세었다.

"또 하나, 둘, 셋……."

한참을 그렇게 세고 나더니, "하나, 둘, 셋, 넷. 4명이 남습니다요."라고 대장에게 보고했다.

이번에는 두 번째 포졸이 나와서 일꾼들을 세기 시작했다. 첫 번째 포졸과 마찬가지로 한 명부터 9명까지 세고, 다시 한 명부터 9명까지를 세었다. 그렇게 세었더니 아까보다 줄은 길었지만 줄의 수는 적어졌다.

땀을 뻘뻘 흘리며 세기를 마친 포졸이 숨을 헐떡이며 말했다.

"9명씩 세면 3명이 남습니다요."

마지막으로 세 번째 포졸이 앞으로 나왔다. 그런데 이번에는 아까처럼 일일이 세지 않고 다른 방법을 썼다. 먼저 11명을 한 줄로 세우더니 그 뒤로 줄을 서라고 한 것이다.

"자, 자, 이 사람들 뒤로 줄을 서시오. 너무 딱 붙어 서지는 말고, 한 발짝 뒤에 서야 하오."

일꾼들이 들쭉날쭉 줄을 서자, 그 사이로 가서 사람들 간의 간격을 일정하게 맞추었다. 그러자 맨 끝에 4명이 남았다. 세 번째 포졸이 얼굴을 긁적이며 말했다.

"11명씩 세면 4명이 남습니다요."

"자, 이제 어쩔 셈이냐?"

포졸 대장이 똘이를 내려다보았다. 과연 똘이는 도망간 일꾼들의 수를 알아낼 수 있을까?

❖ ❖

똘이는 즐겨 먹는 간식인 누룽지를 오도독오도독 소리를 내며 맛있게 먹고 난 뒤, 호주머니에서 산가지를 싼 보자기를 꺼내어 쫙 펼쳤다. 그러고는 바닥에 주저앉아 산가지를 이리 놓았다 저리 놓았다 하며 요란을 떨었다. 한동안을 그러더니 이윽고 자리를 털고 일어났다.

"그래, 알아냈느냐?"

포졸 대장이 의심쩍은 눈초리로 쏘아보며 말했다.

"57명이 도망갔습니다요."

"57명이나?"

놀란 대장이 잠시 뒤 정신을 차리고 나서 신경질적으로 말했다.

"흥! 네 녀석 말을 내가 믿어야 한단 말이냐?"

그러자 홍정하가 똘이에게 말했다.

"설명해 보아라. 어찌 그런 수가 나왔느냐?"

"남아 있는 일꾼이 모두 543명이니까, 600명에서 543명을 빼면 57명 아닙니까요?"

똘이는 당연한 걸 묻는 홍정하의 의도를 알 수 없었다.

"어찌하여 남아 있는 사람의 수가 543명이 나왔는지를 묻고 있는 게다."

"아이참……."

똘이는 이미 다 끝낸 계산을 말로 설명한다는 게 귀찮았다. 누룽지로는 간에 기별도 가지 않았는지 배에서는 꼬르륵거리는 소리가 났다.

'어서 집에 가 밥이나 먹었으면…….'

그래도 설명을 하지 않으면 포졸 대장이 자신의 계산 결과를 믿지 않을 터라 차근차근 설명했다.

"보십시오. 7명씩 헤아려도 4명이 남고, 11명씩 세어도 4명이 남으니까 결국 77명씩 세어도 4명이 남는다는 거 아닙니까요?"

"옳거니."

"그렇다면 77의 2배인 154로 나누어도 4명이 남을 테고, 77의 4배인 308로 나누어도 4명이 남겠네요?"

"그렇지!"

"이런 식으로 계속하면 77의 배수 중에서 600을 안 넘는 수는 539입니다요. 여기다 4를 더하면 543이 되는데, 그러니까 남은 병사의 수는 총 543명입니다요."

홍정하는 암산으로 543 나누기 7을 하였고, 나머지가 4가 된다는 것을 확인했다. 또한 암산으로 543을 11로 나누어도 나머지가 4가 된다는 것을 확인했다.

"계속해 보아라."

"그런데 543을 9로 나누면 나머지가 3. 그러니까 딱딱 들어맞잖아요."

"그래서?"

"네? 그래서라뇨? 600에서 543을 빼면 57. 그러니까 도망간 사람은 57명인 건 당연하죠."

"하하, 잘했구나!"

둘 사이의 대화를 옆에서 듣고 있었지만 대체 무슨 소린지 알아들을 수 없었던 포졸 대장. 고개를 갸우뚱거리더니 갑자기 퉁명스러운 목소리로 말했다.

"57명이든 67명이든, 어쨌거나 도망간 놈들이 있다는 게 아니냐? 이참에 그놈들을 어떻게 하면 몽땅 잡아 오는지, 그 방법도 말해 보아라!"

"헤헤, 그런 일이야 포졸 대장님이 천하제일이시잖아요!"

똘이가 홍정하의 도포 자락을 쓱 잡아당겼다. 얼른 집에 가자는 신호였다.

"일꾼들을 너무 함부로 대하고 일을 무리하게 시키니까 이런 일이 생기는 게 아니오? 도망간 일꾼을 잡아 오기 전에 지금 일하는 일꾼들에게나 잘해 주시는 게 어떻겠소?"

홍정하가 나직한 목소리로 포졸 대장에게 말했다.

포졸 대장이 얼굴이 벌겋게 달아올랐다.

손해 보는 장사

"저기……."

홍정하와 똘이가 가던 길을 가는데 포졸 대장이 불러 세웠다.

"실례가 아니라면 한 가지 도움을 받고 싶습니다만……."

부하들이 달아난 것을 제 탓으로 말한 홍정하에게 도움을 청하는 것으로 보아 몹시도 곤란한 일이 있는 듯 보였다.

"말해 보시오."

"우리 아버지가 얼마 전에 친구분과 동업을 하셨는데……."

"에구구, 쫄딱 망했군요!"

똘이가 촐싹대었다. 포졸 대장의 얼굴이 또 한 번 벌겋게 달아올랐다. 똘이의 오두방정엔 대꾸도 없이 홍정하를 보며 말을 이었다.

"완전히 망한 건 아니고 약간의 손해를 보았습니다."

"사연을 말해 보시오."

"사업 자금으로 180냥이 필요했답니다. 처음엔 반반씩 내기로 했는데 아버지 친구분이 돈이 없다고 해서……."

"그래서요?"

똘이가 포졸 대장에게 바싹 다가갔다. 포졸 대장은 거들떠보지도 않았다.

"우리 아버님은 96냥을 내고 친구분은 84냥을 냈습니다."

"에이, 그럼 공평하지 않잖아요."

똘이는 마치 자기 일인 듯 포졸 대장의 이야기에 빠져들었다.

"대신 이익이 남으면 돈을 더 투자한 사람이 그만큼 많이 갖기로 했소이다."

"와! 혹시 벼락부자가 되신 거 아닙니까?"

똘이가 기대에 찬 표정을 지으며 방정을 떨었다.

"그 반대다."

"엥? 손해가 났습니까?"

"그렇단다."

포졸 대장의 표정이 금세 어두워졌다.

"얼마나 손해를 보았소?"

"30냥이요. 180냥을 투자해서 건진 돈은 150냥뿐입니다."

포졸 대장의 얼굴이 다시 울긋불긋해졌다.

"사실 아버지가 투자한 96냥은 조상 대대로 내려온 땅을 판 돈이었습죠. 그런데 이익을 내기는커녕 손해를 보았으니……. 돈을 벌어 배로 넓은 땅을 사 주겠다는 말에 잔뜩 기대하고 계시던 우리 어머님은 그날로 몸져누우셨답니다."

"사업을 하다 보면 손해를 볼 수도 있죠. 손해를 8 대 7로 나누면 되겠네요."

똘이의 말에 포졸 대장이 기쁜 표정으로 말했다.

"돈을 조금밖에 안 낸 우리 아버지 친구분이 손해를 더 많이 보아야 한다는 게지?"

"엥? 그 반댄데요? 갑이 96냥을 내고 을이 84냥을 냈다면 8 대 7이니까 손해도 8 대 7로 봐야죠."

"무슨 말인지 모르겠구나. 우리 아버님은 돈을 더 내셨다. 그런데 손해를 더 보아야 한다고?"

"당연하죠!"

"그렇다면 손해를 얼마씩 나누어야 하느냐?"

똘이가 공사장에 있던 작은 돌멩이 몇 개를 집었다.

"자, 보세요. 돌멩이 하나에 12냥이라고 치자고요."

"그래, 그렇다고 하자."

"96냥이 되려면 돌멩이가 몇 개죠?"

"8개지."

"그럼, 84냥은요?"

"그야 7개지."

"그러니까 두 분의 투자 금액은 한마디로 8 대 7이지요?"

"그렇겠구나."

똘이가 이번에는 바닥에 뒹굴던 쇠못 30개를 가져왔다.

"자, 이것은 손해를 본 30냥이에요."

"그렇다고 치자."

"이 중에서 8개와 7개로 가르면 15개가 남고, 이걸 또 8개와 7개로 가르면 남는 게 없네요."

바닥에는 16개와 14개로 갈라진 쇠못 두 덩이가 있었다.

"그래서?"

"에이, 보고도 모르세요? 포졸 대장님 아버님이 16냥을 손해 보고 친구분이 14냥을 손해 보면 된다는 거죠. 그래야 8 대 7이 되니깐."

"뭐? 말도 안 돼!"

바닥의 쇠못을 세어 보던 포졸 대장이 벌떡 일어나며 소리를 질렀다. 똘이는 그 기세에 깜짝 놀라 그만 뒤로 나자빠지고 말았다.

"에구구구."

"순 엉터리 같은 녀석! 우리 아버지가 돈을 더 냈는데 왜 더 손해를 보아야 한다는 게냐?"

그제야 포졸 대장은 여태껏 홍정하가 아닌 마당쇠 녀석과 중요한 돈 계산을 하고 있었다는 사실을 깨달았다. 주위를 둘러보며 홍정하를 찾았지만 이미 그는 흔적도 없이 사라졌다.

"아이고, 내 엉덩이야. 불쌍한 사람 도와주고 봉변 당한 꼴이네. 으아, 으아앙……."

똘이는 엉덩이를 쥐어 잡고 주인어른이 지나갔을 길을 따라 뒤뚱거리며 뛰어갔다. 길이 꺾어질 무렵 뒤를 돌아보니, 포졸 대장은 여전히 고개를 갸웃거리며 그 자리에 서 있었다.

조선의 측량 도구와 단위가 궁금해!

도량형은 길이(도), 부피(량), 무게(형)를 말한다. 도량형을 알기 위해서는 도구가 필요하다. 길이를 알려면 자가 필요하고, 부피를 재려면 물건 담을 그릇이 필요하며, 무게를 재려면 저울이 필요하다.

그런데 만약에 하나의 도구로 이 모든 것을 잴 수 있다면? 실제로 조선 시대까지 사용된 '황종관'이라는 피리는 길이는 물론, 무게와 부피까지 잴 수 있는 도구였다.

황종관은 조선 세종 때 중국계 아악을 정리하려고 음률의 기본 척도용으로 만든, 대나무와 구리 따위의 관이다.

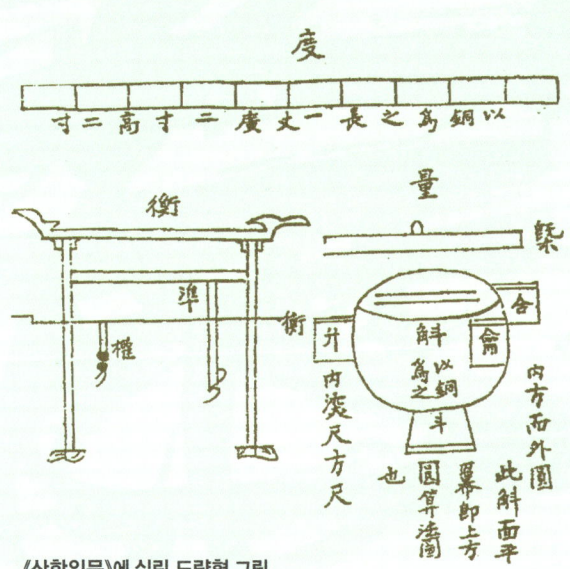

《산학입문》에 실린 도량형 그림

길이 단위

길이는 기장 90알을 늘어놓은 황종관의 길이를 기준으로 삼았다. 기장 90알의 길이는 9치이고, 기장 100알을 늘어놓은 것이 10치, 즉 1자인데 이를 '황종척'이라고 불렀다. 황종척 1자는 오늘날 34.7센티미터이다.

부피 단위

부피는 기장 1,200알을 황종관에 담았을 때의 부피를 기준으로 삼았다.

무게 단위

황종관에 물을 가득 담은 12수를 기준으로 무게 단위도 만들었다.

이후 줄곧 황종관을 측량 도구로 사용하다가 1902년부터는 대한 제국에서 지금과 같은 미터법을 사용하기 시작했다.

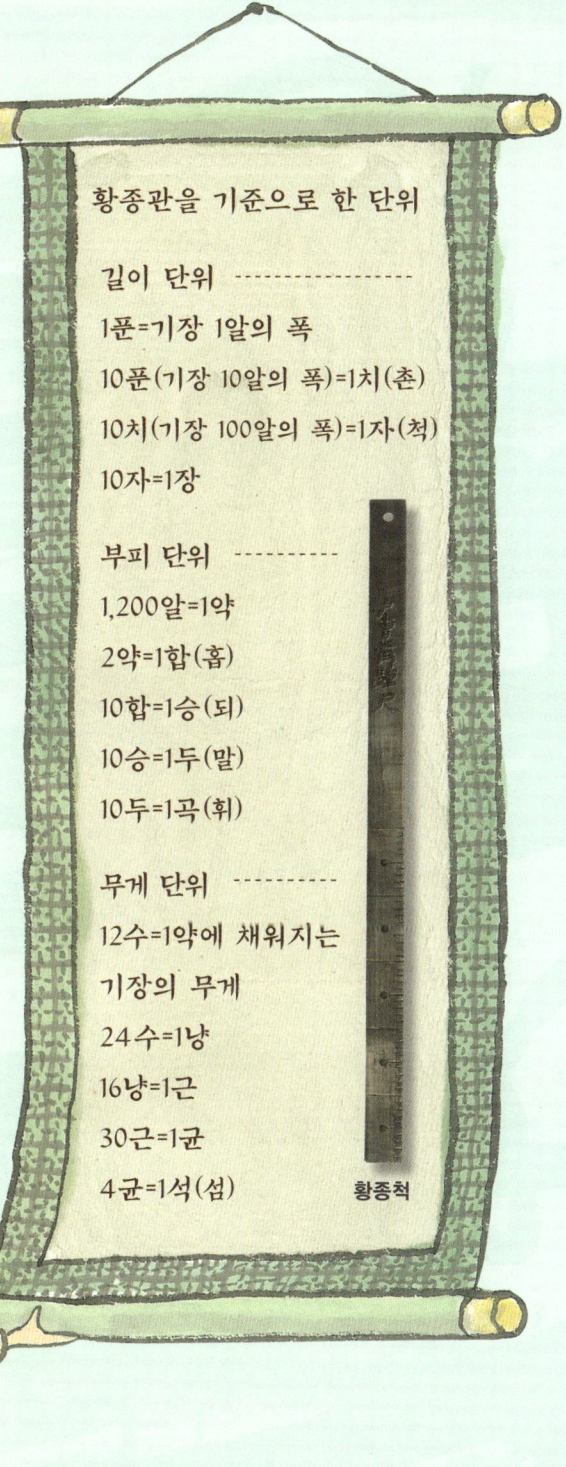

황종관을 기준으로 한 단위

길이 단위
1푼=기장 1알의 폭
10푼(기장 10알의 폭)=1치(촌)
10치(기장 100알의 폭)=1자(척)
10자=1장

부피 단위
1,200알=1약
2약=1합(홉)
10합=1승(되)
10승=1두(말)
10두=1곡(휘)

무게 단위
12수=1약에 채워지는 기장의 무게
24수=1냥
16냥=1근
30근=1균
4균=1석(섬)

황종척

산학 문제 풀기 시합

오늘은 산학자들의 모임이 있는 날이다. 이번 모임은 홍씨 댁에서 열렸다. 홍정하의 아버지는 물론 다섯 형제가 모두 모였고, 김씨와 최씨 댁에서 온 산학자들도

여럿 있었다. 모임에 참석한 사람들은 모두 호조에 몸담고 있는 관리들이다.

담소를 나누며 저녁 식사를 한 뒤 산학 문제를 맞히는 시합이 열렸다. 시합에 나오는 문제는 주로 계산 문제였다. 그중에는 호조에서 계산 업무를 할 때 실제로 필요한 문제들도 있었고, 단지 재미로 푸는 문제들도 있었다.

"자, 누가 먼저 문제를 내겠소?"

홍정하의 아버지, 홍재원의 말에 김사문이 나섰다.

"내가 문제를 내리다. 이 문제는 병사들에게 화폐 대신 견을 급여로 주는 상황을 바탕으로 한다오. 잘 들으시오."

산학자들은 각자 계산판에 산가지를 늘어놓고 귀를 쫑긋 세우며 경청했다.

"지금 견 25만 1,640자를 말을 탄 병사(마군)와 걸어 다니는 병사(보군)에게 나누어 주려고 하오. 마군에게는 6명당 184자를 나누어 주고, 보군에게는 7명당 96자를 나누어 준다고 하면 병사는 각각 몇 명이며, 견은 얼마씩 주면 되겠는가? 단, 마군과 보군의 수는 똑같소."

문제가 나가자 산학자들은 각자 계산판에 산가지를 늘어놓고 바삐 손을 움직였다. 산학자들의 손놀림이 무척 빨라 심부름을 하러 들락거리며 그 모습을 본 똘이는 어지러울 지경이었다. 달 밝은 밤 홍씨 댁 사랑채에서는 사람 소리 대신 따각따가닥 나뭇가지 놓는 소리만이 정적을 깨고 있었다.

"제가 풀어 보겠습니다."

유수석이 제일 먼저 손을 들었다. 홍정하의 친구 유수석은 아직 산학 취재에 합격하지 못해서 관리의 신분이 아니지만, 홍정하의 초청을 받아 특별히 이 자리에 올 수 있었다. 낯선 이가 먼저 문제를 풀자 나머지 산학자들은 면목이 없는 표정을 지었다.

"답이 무엇이오?"

"마군과 보군은 각각 5,670명입니다. 그리고 마군이 받는 견은 17만

3,880자이고, 보군이 받는 견은 7만 7,760자입니다."

정답이었다. 하지만 왜 그런지를 설명해야 한다.

"어찌해서 그러한가?"

"가장 중요한 조건은 마군과 보군의 수가 똑같다는 것입니다. 따라서 먼저 6과 7의 공배수를 구해야 합니다. 6과 7의 최소공배수가 42이므로, 각각의 군대에서 42명이 받는 견을 구해야겠지요. 마군 6명이 받는 견 184에 7을 곱하면 1,288이 됩니다. 즉 마군 42명이 받는 견은 1,288자입니다. 이번에는 보군 7명이 받는 견 96에 6을 곱하면 576이 됩니다. 즉 보군 42명이 받는 견은 총 576자이지요. 이 두 수를 합하면 마군 42명과 보군 42명이 받는 견은 모두 1,864자가 됩니다.

전체 25만 1,640자의 견을 1,864로 나누면 135가 됩니다. 따라서 각 군대는 42명씩 135만큼 있습니다. 135에 42를 곱하면 5,670이 되지요. 따라서 마군과 보군의 병사는 각각 5,670명씩입니다. 마군은 6명당 견 184자를 받는다고 했으니 5,670을 6으로 나눈 뒤 184를 곱하면 마군이 받을 견의 수인 17만 3,880자가 나옵니다. 보군이 받을 견을 구하려면 5,670을 7로 나눈 뒤 96을 곱합니다. 그러면 보군이 받을 견의 수는 7만 7,760자가 나옵니다."

유수석이 풀이 과정을 술술 말하자 다들 고개를 끄덕였다. 바로 그때 끄트머리에 앉아 있던 이복이가 질문을 했다.

"제가 어르신께 질문을 드려도 되겠습니까?"

유수석이 눈짓으로 허락을 했다.

"어찌하여 그렇게 계산을 하셨는지요?"
"그것은 책을 보면 알 수 있다."
"어떤 책을 보면 알 수 있습니까?"
"《묵사집산법》을 보면 이와 비슷한 문제가 많다."

이복이는 아버지의 외가 조상인 경선징이 지은 이 책의 제목만 알고 아직 제대로 읽지 못한 것이 몹시 부끄러워 몸 둘 바를 몰랐다. 옆에 있던 이조가 그것도 몰랐냐는 듯 큭큭 웃었다. 어른들 시중을 드느라 들락거리던 돌이는 이복이가 민망한 상황에 놓인 것이 고소하면서도 왠지 안쓰러웠다.

몸 둘 바를 모른 것은 그 자리에 있던 이복이의 아버지 홍정하를 비롯한 홍씨 일가 모두였다. 할아버지 홍재원은 손자를 감싸고 나섰다.

"흠흠……. 아이들이 《묵사집산법》을 읽기에는 어려 아직 보여 주지 않았다오. 하지만 이제 곧 제대로 공부할 것이오."

가만히 있어야 할 이복이가 유수석을 향해 또 질문을 던졌.

"문제의 해법을 외우지 않고도 처음 보는 문제를 그 자리에서 풀 방법이 있는지요?"

이는 그동안 이복이가 혼자 마음에 품고 있던 질문이었고, 사실은 아버지를 비롯한 모든 산학자 어른들에게 하고 싶었던 질문이다.

'맞습니다. 저도 어떻게 그렇게

하는지 알고 싶습니다!'

하마터면 똘이는 소리 내어 말할 뻔했다. 자기도 모르게 말이 새어나오자 똘이는 얼른 손으로 자기 입을 막았다.

"그런 방법은 아직 모른다. 천자문 외우듯 수학도 외우는 수밖에……."

할아버지가 단호한 어조로 말했다. 다른 산학자들은 엉뚱한 말을 하는 이복이가 귀엽다는 둥 한심하다는 둥 웅성거렸다.

"예, 잘 알겠사옵니다……."

그렇게 대답을 하면서도 이복이는 속으로 '망했다.'를 외쳤다.

문제 풀기 시합은 둥근달이 중천에 떠오를 때까지 밤새 이어졌다.

홍정하와 하국주의 대결

1713년(숙종 39) 5월 29일 오후, 홍정하와 유수석이 하국주가 낸 산학 문제를 풀고 있었다. 중국의 역관인 하국주가 조선의 위도를 측정하러 왔다는 소식을 들은 홍정하가 유수석과 함께 하국주를 찾아가 산학 문제 풀기 시합을 벌인 것이다.

문제는 주로 하국주가 냈다. 그가 낸 문제는 '360명이 각각 은 1냥 8전을 낸다면 모두 얼마인가?'와 같은 단순 곱셈 문제이거나, '정사각형의 넓이가 225자라면 한 변의 길이는 얼마인가?'와 같은 나눗셈 문제였다. 똘이도 풀 수 있는 수준의 문제들이었다.

하국주가 낸 문제를 홍정하가 척척 풀고 있을 때, 중국 사신들의 대표인 아제도가 불쑥 끼어들었다.

"우리 대중국의 산학자이신 이분, 하국주의 실력은 이미 전 세계가 알아준다네. 계산법은 이분의 뱃속에 이미 가득 차 있지. 그러니 자네들 같

은 조무래기는 감히 대적할 수가 없는 상대라네."

지금까지 낸 문제를 모두 맞힌 사람들에게 할 말은 아니었다. 거들먹거리는 아제도를 보는 유수석의 얼굴이 울긋불긋했다. 불끈 쥔 주먹은 덜덜 떨렸다.

유수석의 마음을 아는지 모르는지, 아제도는 매우 거만한 표정으로 말을 이었다.

"우리 대표께서 여러 가지 문제를 내는 동안 자네들은 왜 한 문제도 내지 않는가? 과연 자네들이 실력 있는 산학자인지 의심스럽군. 실력이 있다면 이 자리에서 한번 보여 주게."

홍정하는 무슨 문제를 낼까 잠시 생각했다. 그러고는 얼마 전부터 계속 연습한 바로 그 문제를 냈다.

"지금 여기에 구슬 모양의 돌이 있다고 합시다. 그 안에는 정육면체 모양의 옥이 들어 있습니다. 구슬 모양의 돌에서 정육면체를 빼고 부피를 재면 265근 15냥 5전입니다. 구슬의 바깥 부분에서 정육면체의 한 면까

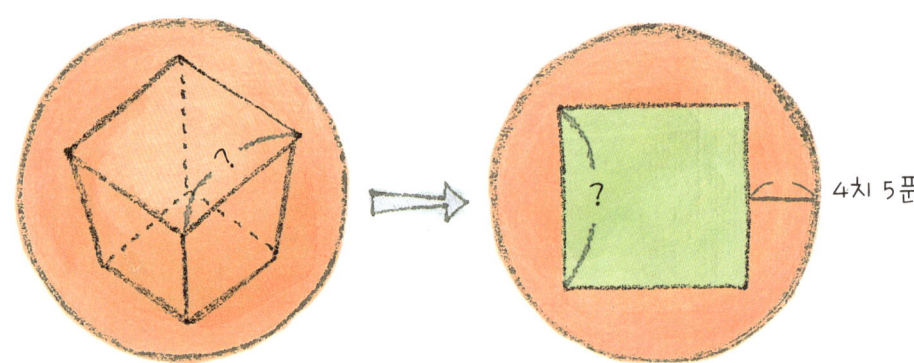

지의 최대 거리는 4치 5푼이지요. 그렇다면 정육면체의 한 모서리의 길이와 구슬 모양의 돌의 지름은 각각 얼마가 되겠습니까?"

"……."

하국주는 대답이 없었다.

아마도 하국주는 이 문제를 처음 들었을 것이다. 이 문제는 기존의 산학책에는 없기 때문이다.

당황한 아제도가 초조한 표정으로 하국주를 쳐다보았다.

한참을 침묵하던 하국주가 이윽고 말했다.

"매우 어려운 문제요. 비록 지금 바로 풀 수는 없지만, 내일은 풀어 오겠소."

다음 날, 중국과 조선의 산학지는 대결을 이어 갔다.

"어제 제가 질문한 문제를 풀어 오셨는지요?"

"……."

하국주는 여전히 대답이 없었다. 계속 묻는 건 실례일 것 같아 홍정하는 더 묻지 않았다.

이번에는 하국주가 문제를 또 내었다.

"지금 여기에 지름이 10자인 원이 있다고 합시다. 이 원에 내접하는 정팔각형이 있다면 한 변의 길이는 얼마가 되겠소?"

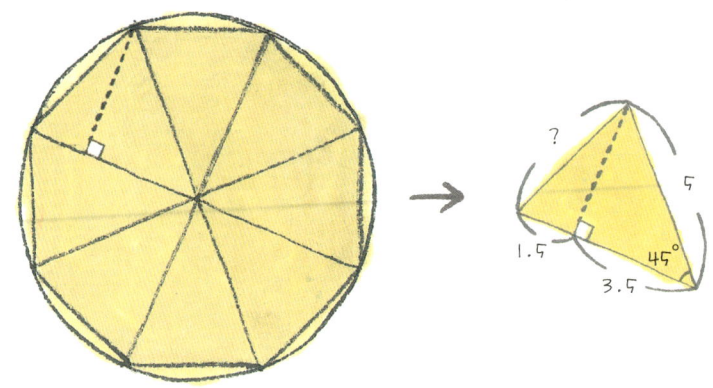

이번에는 유수석이 대답했다.

"한 변은 4자가 조금 넘습니다."

"오호! 어떻게 풀었소?"

유수석이 풀이법을 말하자 하국주는 "옳은 풀이요." 하면서 유수석이 말한 방법을 받아 적었다.

홍정하가 나섰다.

"다른 풀이법을 말씀드리지요. 먼저 지름인 10자를 7배 합니다. 그것을 17로 나누면 정팔각형의 한 변인 $4\frac{2}{17}$가 나옵니다."

"오호! 아주 간단한 방법이요. 어떻게 풀었소?"

"'정팔각형의 한 변 : 외접원의 지름 = 7 : 17'이라는, 오래전부터 알려진 사실을 적용한 것뿐입니다."

'제법이군. 하지만 이 문제는 풀지 못할걸.'

잠시 생각에 잠긴 하국주는 의미심장한 표정을 짓더니 비슷한 문제를 냈다.

"지름이 10자인 원이 있소. 여기에 내접하는 정오각형의 한 변과 넓이는 얼마겠소?"

순간 홍정하와 유수석의 얼굴이 흙빛이 되었다. 처음 듣는 유형의 문제였기 때문이다. 정사각형이나 정팔각형이 아니고 '정오각형'이라니? 이런 문제는 대체 어떻게 푸는 것일까?

전날의 이야기를 듣고 홍정하를 졸라 따라나선 똘이는, 쉬지 않고 문제를 푸는 홍정하와 유수석의 모습을 넋을 잃고 바라보고 있었다.

"잘 모르겠소? 허허, 그럴 테지. 이 문제는 삼각법을 이용해야 하오."

"삼각법? 그게 뭡니까? 아직 조선에는 없는 방법입니다."

"표를 활용하면 되는데…… 원리가 심오해서 지금 바로 알려 줄 수는 없소."

"그 심오한 것을 알 수 있는 방법은 없습니까?"

홍정하와 유수석뿐만 아니라 똘이의 속도 바싹바싹 탔다. 제발 하국주가 방법을 가르쳐 주기를 부처님께 기도까지 하고 싶은 심정이었다.

"《기하원본》과《측량전의》라는 책을 보면 되오."

"어떻게 하면 저희가 그 책을 구할 수 있습니까?"

"허허, 이거 아쉽게 됐소. 내가 여기 올 때 봉황성에다 두고 왔소. 돌아가면 보내 주리다."

하국주는 삼각법이 담긴 그 어마어마한 책을 가지고 있으면서도 일부러 안 보여 주는 게 분명했다. 그러자 유수석이 애원하듯 말했다.

"그럼, 그 책에서 가장 중요한 한두 가지라도 알려 줄 수 있으신지요? 알려만 주신다면 본보기로 삼아 조선 산학자들에게 대대로 전하겠습니다."

"그게…… 사실 나도 잘 몰라서 알려 줄 수가 없소. 미안하오."

삼각법에 대하여 더 이상 알아내기를 포기한 홍정하가 하국주에게 물었다.

"저와 유수석의 실력이 어느 정도라고 보시는지요?"

"그대들이 이미 완전히 알고 있는 것은 10 중에서 7, 8이고, 아직 모르고 있는 것이 2, 3이라고 볼 수 있소. 하지만 아직 모르는 것도 곧 알아낼 수 있을 터이니 앞으로도 열심히 배우시오."

그러자 유수석이 다시 물었다.

"저희가 모르고 있는 게 2, 3이라고 하셨습니까?"

"그렇소."

"그렇다면 그것을…… 당신에게 배우면 될까요?"

"……"

하국주는 대답하지 못했다.

홍정하가 어색한 분위기를 바꾸려고 다른 질문을 했다.

"혹시 지금 가지고 있는 책 중에 저희에게 보여 줄 만한 책이 있으신지요?"

하국주는 마지못해 《구고도설》을 보여 주었다. 그 책에 들어 있는 문제들은 '구고현의 정리(피타고라스의 정리)'와 관련된 것들이었다.

하국주가 물었다.

"직각삼각형에서 구(밑변)가 3, 고(높이)가 4이면, 현(빗변)이 5라는 것을 아시오?"

"물론입니다."

"직각삼각형의 세 변이 3, 4, 5의 관계에 있기만 하다면 그것의 몇 배인지에 따라 직각삼각형의 종류가 240가지나 된다는 것도 아시오?"

"그런 직각삼각형이 400가지가 넘는 걸로 알고 있습니다."

당황한 빛이 역력한 하국주가 계속해서 문제를 냈다.

"그럼, 이 문제는 풀 수 있소? '직각삼각형의 넓이가 60자이고, 구와 현의 차가 2자라면, 구, 고, 현은 각각 얼마인가?'"

"구는 8자, 고는 15자, 현은 17자입니다."

"…… 정답이오."

하국주는 계속해서 20개가 넘는 문제를 냈다. 그러면서 매번 홍정하와 유수석, 두 사람의 풀이법을 하나하나 받아 적었다.

준비한 문제를 모두 낸 하국주는 자신의 패배를 인정하는 듯 감탄하며 말했다.

"사실 산학자들 사이에서 가장 어렵다는 게 바로 방정식이오. 그런데 자네들은 다 알고 있지 않소? 어찌 그럴 수 있소?"

"방정식은 그다지 어렵지 않습니다. 그저 보통 수준인데…… 무엇이 어렵다는 말씀이신지요?"

"자네들의 이름이 무엇이오? 여기에 적어 주시오. 내가 중국으로 돌아가 자네들을 비롯해서 조선 산학의 수준을 널리 알리겠소."

홍정하와 유수석은 이름을 남기고 유유히 자리를 떴다.

이렇게 해서 조선의 산학자와 중국 대학자의 대결은 조선 산학자의 완승으로 끝났다.

조선과 중국의 숨 막히는 수학 배틀

《구일집》의 맨 끝 부분인 〈잡록〉에는 홍정하와 유수석이 함께 나눈 대화를 비롯하여 이틀 동안 이루어진 그들의 만남이 자세하게 씌어 있다. 하국주가 조선에 온 이유는 조선의 위도를 측량하고 기록하기 위해서였다. 홍정하 일행과 하국주 일행이 함께 만난 곳은 외국의 사신들이 머물던 영빈관이라고 하는데, 홍정하와 유수석이 어떻게 하국주와 만나게 되었는지는 알려져 있지 않다.

처음에는 하국주가 홍정하 일행의 실력을 낮게 보고 매우 쉬운 문제를 냈다. 척척 답을 맞히자 하국주는 점차 어려운 문제를 냈지만, 홍정하는 현란하게 산가지를 놀리며 문제를 거의 다 맞혔다.

홍정하는 한마디로 '방정식의 신'이었다. 조선의 산학 실력에 크게 놀란 하국주는 그 비결이 산가지에 있다고 생각했다. 그리하여 중국에서는 주판이 나오면서 이미 사라진 산가지를 홍정하에게서 선물로 받아 들고는 중국으로 가져갔다. 중국 본토에서는 잊힌 천원술이 조선에 이어지고 있음에 크게 충격을 받은 듯하다.

홍정하가 풀지 못한 유일한 문제

하국주와의 산학 대결에서 홍정하가 풀지 못한 문제는 삼각법뿐이었다. 삼각법이란, 예를 들어 '한 각이 30도인 직각삼각형에서 빗변의 길이가 2일 때 높이는 얼마인가?'와 같이 삼각형의 변과 각의 관계에 관한 것이다.

당시 서양 수학책이 중국어로 번역되면서 중국에는 이미 삼각법에 대한 내용이 알려져 있었고, 하국주도 약간은 알고 있던 것으로 보인다. 하지만 유수석과 홍정하가 "그게 무엇입니까?"라고 질문했을 때 나중에 알려 준다며 그 자리에서 대답을 하지 못한 것으로 보면, 하국주도 아직 완전히 터득하지는 못했던 것 같다.

홍정하는 자신의 신분이 중인이라서 양반들처럼 외국에 나가지 못했고, 그 때문에 서양 수학은 물론 중국의 최신 산학에 대해 배우지 못한 것을 한탄했을지도 모른다. 하지만 서른이라는 젊은 나이에 중국 대학자와의 산학 대결을 가슴에 묻은 채 계속 연구하고 노력하여 그로부터 약 10년 뒤 《구일집》이라는 산학책을 세상에 내놓았다. 그리고 중국에서도 손꼽히는 학자와 대결했던 그날의 장면을 자신의 책 부록에 당당히 넣었다.

홍정하는 단지 산학자라는 직업인으로서 산학을 연구한 것이 아니다. 산학에 대한 흥미와 열정이 그 자신으로 하여금 도전하고 연구하게 한 원동력이었음을 《구일집》을 통해 생생히 느낄 수 있다.

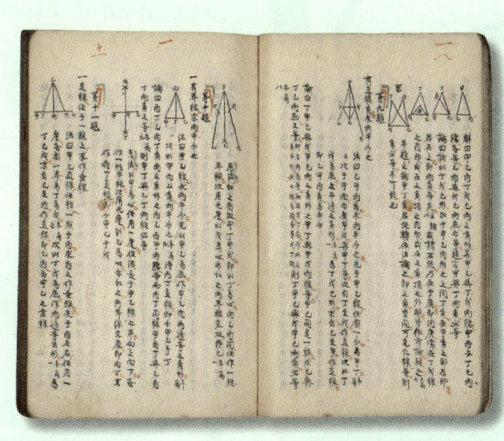

《기하원본》
유클리드 《기하학원론》의 중국어 번역서. 17세기. 이탈리아의 선교사 마테오리치가 번역하고 중국의 관리 서광계가 정리했다. 이 책이 전해진 이후 중국에서는 삼각법이 쓰였다.

소원

집으로 돌아가는 길.

똘이 혼자 골이 잔뜩 나 있었다.

"어르신들은 왜 그리도 순진하신 겁니까?"

"허허, 이 녀석, 말버릇이 고약하구나."

"정말 답답해서 그럽니다요. 아까 산가지는 왜 죄다 주신 겁니까?"

홍정하는 대수롭지 않다는 듯 껄껄 웃으며 말했다.

"산가지는 원래 중국에서 온 것이니라. 그런데 지금 중국은 주판이 유행하면서 산가지를 사용하지 않는 모양이야. 우리 조선에서 아직도 산가지를 사용하고 있다고 하니 놀라워하는 걸 자네도 보았지?"

유수석이 대답했다.

"허허, 그러게 말일세. 산가지로 하면 간단한 것을 방정식이 뭐 그리 어렵다고……. 하하하."

"그러니까요. 그렇게 중요한 산가지를 왜 중국에 넘겨 주셨냐, 이 말씀입니다요."

"우리 조선의 산학 실력을 널리 알려 준다 하지 않았느냐? 그러면 되는 일이지 그까짓 산가지 몇 개를 그리 아까워하느냐."

하늘에 커다란 보름달이 떴다. 별들도 반짝반짝 빛이 났다. 보름달을 보면서 똘이는 나직한 목소리로 소원을 빌었다.

"달님, 저는 산학이 무지 좋습니다요. 제가 비록 노비이지만 주인어른을 만나 산학을 배우게 되어 얼마나 기쁜지 몰라요. 어르신과 다니며 산학이 얼마나 많은 사람에게 필요한지 알게 되었지요. 마음 같아서는 빼어난 산학자가 되어 조선 산학이 얼마나 대단한지 알리고 싶지만…… 그럴 수 없다는 걸 잘 압니다요. 비록 산학자가 되어 이름을 날리지는 못하지만, 산학이 필요한 사람들에게 도움을 주고, 산학이 얼마나 재미있는 것인지를 널리널리 알리는 사람이 되겠습니다요. 달님, 별님, 저를 지켜봐 주세요……."

전설이 된 구일똘이

이른 아침부터 홍정하네 집이 떠들썩했다.
"다녀오겠습니다."
"그래, 잘 다녀오거라."
어느덧 스물두 살이 되어 산학 취재를 보러 떠나는 이조를 배웅하기 위해 온 가족이 대문 앞에 모였다. 이조는 할아버지와 아버지를 비롯하여 온 식구를 향해 공손히 절을 하고 나귀 등에 올랐다.

온갖 산학서를 잔뜩 실은 보따리 때문에 가뜩이나 힘겨워하던 나귀는 이조가 올라타자 그만 휘청했다. 나귀가 뒷걸음질을 치자 바로 뒤에 서 있던 젊은 부인이 화들짝 놀라고, 품에 안고 있던 아기가 울음을 터뜨렸다. 이조의 부인과 세 살배기 아들이었다.

"형님, 긴장되오?"

이복이가 놀리자 이조는 펄쩍 뛰었다.

"긴……긴장은 무슨 긴……긴장을 한다고 그러느냐?"

"하하, 형님 얼굴이 백지장처럼 보여서 말이오. 긴장을 안 했다니 다행이오. 형수님과 조카는 내가 잘 돌볼 터이니 집안 걱정일랑 하지 말고 잘 다녀오십시오. 형님 정도 실력이라면 눈을 감고 문제를 풀어도 철썩 붙을 것 아닙니까?"

이복이가 이조의 손을 꽉 잡았다.

이조의 어머니는 큰아들을 하염없이 바라보았다. 어머니의 눈에는 눈물 대신 웃음이 보였다. 얼굴에 온화한 미소를 띤 채 어머니가 말했다.

"너는 잘할 것이다."

중요한 시험을 보러 떠나는 아들에게 초조하거나 걱정스러운 눈빛을 보내면 안 되었다. 이는 반드시 산학 취재 시험을 치러야 하는 자식을 둔 홍씨 가문 아녀자의 기본 태도이기도 하지만, 무엇보다 어머니는 이조를 믿었다.

홍정하는 아무 말이 없었다. 아들에게 할 말은 어젯밤에 다 해 주었기 때문이다. 아버지와 눈이 마주치자 이조는 아버지가 자신에게 해 준 말씀을 속으로 중얼거렸다.

'실력이 있으면 붙을 것이요, 실력이 없으면 떨어질 것이다……'

아버지의 말씀을 가슴에 새기며 이조는 나귀를 타고 한 발 한 발, 길을 나섰다. 그런데 오늘따라 똘이의 모습이 보이지 않는다. 똘이는 지금 어디에 있을까?

마을 전체가 훤히 내려다보이는 언덕 위. 한 청년이 아침 일찍부터 이곳에 서서 덤덤한 표정으로 마을을 빠져나가는 이조의 모습을 바라보고 있었다. 훤칠하고 단단해 보이는 체구에 반짝이는 눈빛을 한 청년, 그는 다름 아닌 똘이다.

똘이는 이조가 눈앞에서 아스라이 멀어지자 자리에 앉아 등에 맨 봇짐에서 책을 몇 권 꺼냈다. 겉표지에 《구일집》(천), 《구일집》(지), 《구일집》(인)이라고 씌어 있는 이 책들은 홍정하가 10년간의 집필 끝에 완성한 것이다.

'주인어른……'

마침내 《구일집》이 완성되던 날, 홍정하는 일가친척은 물론 산학자들을 불러 큰 잔치를 벌였다. 그리고 홍정하는 그날 온 손님 중에서 특별한 인연이 있는 분들에게 《구일집》 필사본을 선사했다. 중국 산학책으로만 공부하던 조선의 산학자들에게는 조선인이 쓴 산학책이 있다는 사실 자체가 신기하고 놀랍기만 한 일이었다. 감탄과 부러움의 탄성이 여기저기서 터져 나왔다.

그날 밤, 홍정하가 똘이를 불렀다.

"잘 듣거라. 너는 이제 자유의 몸이다."

기뻐할 만한 말이건만, 똘이의 대답은 의외였다.

"싫습니다. 저는 주인어른 댁에서 늙어 죽을 때까지 몸종으로 살 것입니다."

"다시 말하마. 너는 이제 자유의 몸이다. 그러니 이 집에서 나가라."

"싫습니다. 제가 자유의 몸이 되면, 더 이상…… 더 이상…… 산학을 못 배우지 않습니까?"

스물두 살인 똘이가 열두 살 아이처럼 울먹였다. 눈시울이 뜨거워지기

는 홍정하도 마찬가지였다. 하지만 홍정하는 마음을 가라앉히고 반닫이에서 책을 세 권 꺼냈다. 《구일집》 필사본이었다.

"자, 받아라."

"노비에게 산학책이 다 무슨 소용입니까?"

똘이는 《구일집》에 눈을 떼지 못하면서도 부질없는 일이라는 생각에 고개를 저었다.

"그날을 기억하느냐? 나와 유수석이 하국주 어른을 만나고 돌아오던 10년 전 그날, 네가 달빛 아래에서 빌었던 소원을 기억하느냐 말이다."

"다 지난 일입니다요."

홍정하가 지긋이 똘이를 바라보았다.

"지난 일이 아니다. 이제 시작이다."

10년 전보다 키도 크고 몸도 단단해져서 늠름해 보이는 똘이. 겉으로는 그저 씩씩하고 유쾌한 청년으로 보이지만, 이제는 여느 산학자와 겨뤄도 될 정도의 산학 실력을 갖추었다. 몸종으로 부리기엔 누가 보아도 재능이 아까운 청년이었다.

"이제 네 소원대로 살아갈 때이다."

"주인어른……."

뚝뚝, 똘이의 눈에서 눈물이 흘렀다. 홍정하는 똘이 앞으로 《구일집》을 밀었다.

"지난 10년간 이 책을 완성하는 데는 네 공이 컸다. 정대위의 백자도를 바로잡을 수 있었던 것도 어찌 보면 네 공이 아니더냐? 네가 시장에 가서 상인들과 겪은 일을 내게 말해 줄 때마다 나는 그것을 산학 문제로 만들었다. 그렇게 10년간 쌓인 문제들이 지금 이 책 안에 다 들어 있다. 그러니 어찌 나 혼자 만든 책이라 할 수 있겠느냐?"

"하지만……."

"너도 알다시피 나는 나랏일을 하고 있음에도 시전 상인들이나 농민들이 겪는 문제들을 직접 해결해 주지 못해 너무도 안타깝다. 산학이 꼭 필요한 그들이 덧셈, 뺄셈은 물론 세는 것조차 하지 못해서 억울한 일을 당하고 있는 현실도 네가 알려 주지 않았더냐?"

"하지만……."

"이제부터 너는 자유의 몸이다. 이 책을 네게 선사할 것이니, 산학을 못해 억울한 일을 당하거나 곤경에 빠진 사람들을 위해 사용하기 바란다. 이것이 바로 산학이 세상에 존재하는 이유이니라."

"하지만 어르신, 저는 미천한 종놈일 뿐입니다요. 제가 어찌 그런 일을……."

"너는 미천한 종으로 평생을 살 놈이 아니다. 너도 너를 잘 알고 있지 않느냐?"

똘이는 그날부터 자유로운 몸이 되었다. 그리고 이조가 산학 취재를 보러 가던 날, 똘이도 어디론가 떠났다. 이후 똘이의 소식을 들은 사람은 아무도 없었다.

한 젊은 장사꾼의 이야기가 온 한양을 떠들썩하게 뒤흔들었다. 어디서 나타나 무슨 장사를 하는지는 모르나 그 실력이 대단하다는 것이다. 장사를 잘하는 것은 물론이고, 허리춤에 늘 산가지를 차고 다니며 어디서든 보자기를 획 펴고는 마치 요술을 부리듯 빠른 손놀림으로 계산을 척척 한다고 했다.

그의 별명은 '구일똘이'. 곤란한 문제가 생기기만 하면 누구나 "안 되겠군. 구일똘이를 불러오세." 하고 말했다. 이후 전국 방방곡곡으로 퍼져 나간 "구일똘이를 불러오세."라는 말은 곧 '산가지로 계산을 해 보자.'라는 의미가 되어 사람들 사이에 '셈을 가려 보자.'는 말로 통하게 되었다. 어느새 구일똘이는 평범한 사람을 돕는 '산학의 신'이 되었다.

 이야기 속의 《구일집》 문제를 풀어 볼까?

● **쏟아진 환약** 《구일집》 제1권 1-4

> 어떤 사람이 약을 먹는데, 첫날에 1알을 먹고, 보름이 될 때까지 매일 1알씩 늘려 가고, 그 다음 날부터 말일이 될 때까지는 매일 1알씩 줄이다가 그쳤다. 약은 모두 몇 알이나 되는가?

답: 240알

풀이 방법: '식 만들기'로 해결한다.

풀이 과정:

$1+2+3+\cdots 13+14+15+15+14+13+\cdots 3+2+1$

$=(1+15)+(2+14)+(3+13)+\cdots(13+3)+(14+2)+(15+1)$

$=16+16+16+\cdots 16+16+16$

$=16 \times 15$

$=240$

● **알쏭달쏭 과일 심부름** 《구일집》 제2권 1-1

> 복숭아와 오얏 100개가 있는데, 합산한 값이 272문이다. 복숭아 1개 값은 4문, 오얏 1개 값은 2문이라고 한다. 복숭아와 오얏의 개수와 값은 각각 얼마인가?

답: 복숭아 36개, 144문. 오얏 64개, 128문

풀이 방법: '표 만들기'로 해결한다.

풀이 과정:

복숭아(1개 4문)	50개	40개	39개	38개	37개	36개
오얏(1개 2문)	50개	60개	61개	62개	63개	64개
합계	300문	280문	278문	276문	274문	272문

● **네 나이가 몇인데?** 《구일집》 제2권 1-13

> 갑, 을 두 사람이 있다. 갑이 을에게 "내가 너의 나이 여덟 살을 취하면, 네 나이보다 배가 많다."고 말하고, 을은 갑에게 "내가 그대의 나이 여덟 살을 취하면, 그대와 나이가 같아진다."라고 말하였다. 각각의 나이는 얼마인가?

답: 갑 56세, 을 40세

풀이 방법: '연립 방정식 만들기'로 해결한다.

풀이 과정:

1단계: 갑을 ▲, 을을 ★로 하여 다음 두 개의 방정식을 세운다.

첫 번째 조건: ▲+8=(★-8)×2

두 번째 조건: ▲-8=★+8

2단계: 먼저 두 번째 조건에서 ▲-8=★+8이므로 갑은 을보다 16살이 많다.

따라서 ▲=★+16이므로 첫 번째 조건의 ▲의 자리에 ★+16을 놓는다.

(★+16)+8=(★-8)×2

3단계: 이 식을 푼다.

★+16+8=(★-8)+(★-8)

양변에서 ★을 없애면,

24=★-16

따라서 ★=40, ▲=56

그러므로 갑은 56세, 을은 40세.

● 비단 가게에서 문제 풀기 《구일집》 제1권 1-11

어떤 사람이 길이가 1필 11자이고 너비가 1자 8치인 능비단을 빌렸다. 이제 갚으려고 하니 원래와 같은 물건이 없어서 너비 2자 5치인 것으로 갚으려 한다. 길이는 얼마인가?(단, 1필은 35자)

답: 33자 1치 2푼

풀이 방법: '넓이 구하기 공식'으로 해결한다.

풀이 과정:

1단계: 비단의 넓이를 구하기 위해 직사각형의 넓이 공식을 사용한다.

　　　　(직사각형의 넓이)=(가로)×(세로)

　　　　따라서 (비단의 넓이)=(비단의 길이)×(비단의 너비)

2단계: 단위를 '치'로 통일한다.

　　　　1필=35자이고, 1자=10치이므로

　　　　1필 11자=350치+110치=460치, 1자 8치=18치, 2자 5치=25치

3단계: 폭이 넓은 능비단의 길이를 ■라 하여 넓이 구하는 식을 만든다.

　　　　(너비가 좁은 능비단의 넓이)=460×18=8280

　　　　(너비가 넓은 능비단의 넓이)=■×25

　　　　두 비단의 넓이가 같아야 하므로, 8280=■×25

따라서 ■=8280÷25=331.2(치)=33자 1치 2푼.

● **봄이 아씨의 나비단** 《구일집》제 1권 4-1

> 능비단 3필은 나비단 4필에 해당한다. 능비단 1필 값이 4냥인데, 지금 나비단 72필이 있다. 모두 얼마어치나 되겠는가?

답: 216냥

풀이 방법: '비례식 만들기'로 해결한다.

풀이 과정:

1단계: (능비단 3필의 값) : (나비단 4필의 값)=1:1

즉, (능비단 3필의 값)=(나비단 4필의 값)

2단계: (능비단 1필의 값)=4(냥)이므로,

(능비단 3필의 값)=4×3=12(냥)=(나비단 4필의 값)

따라서 (나비단 1필의 값)=3(냥)

그러므로 (나비단 72필의 값)=72×3=216(냥).

● 할아버지의 부탁 《구일집》 제1권 3-2

> 정사각형 밭이 있는데, 맞은편 두 꼭짓점 사이의 대각선 길이가 28보이다. 넓이는 얼마인가?

답: 392보

풀이 방법: '그림 그리기' 전략으로 해결한다.

풀이 과정:

(대각선이 28보인 정사각형의 넓이)=(한 변이 28인 정사각형의 넓이)÷2

따라서 28×28÷2=392(보).

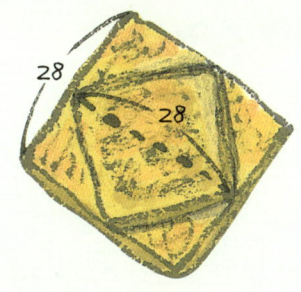

* 조선 시대에는 넓이 단위도 길이와 똑같이 '보'라고 하였다.

● 누구 땅이 더 넓을까? 《구일집》 제1권 3-8

> 원형 밭을 예로부터 내려오는 원주율로 계산하니, 둘레가 72보, 지름이 24보이다. 넓이는 얼마인가?

답: 432보

풀이 방법: '원의 넓이 구하기 공식'으로 해결한다.

풀이 과정:

〈조선 시대 방법〉 원의 넓이는 둘레와 지름을 곱하여 4로 나누면 된다.

〈현재 방법〉 (원의 넓이)=(반지름)×(반지름)×(원주율)

지름이 24보이므로 반지름은 12보이다.

따라서 원주율을 3이라 하면, 12×12×3=432(보).

● 달아난 일꾼 《구일집》 제3권 2-5

> 일꾼 600명 가운데 부역 기간이 끝나기 전에 도주한 자들이 있는데, 얼마나 되는지 몰라서 남은 무리를 모아 헤아려 보았다. 7명씩 헤아리면 4명이 남고, 9명씩 헤아리면 3명이 남는데, 11명씩 헤아려도 역시 4명이 남았다. 도주한 일꾼은 모두 얼마나 되는가?

답: 도주한 일꾼 57명

풀이 방법: '약수와 배수' 개념으로 해결한다.

풀이 과정:

1단계: '7명씩 세어도, 11명씩 세어도 4가 남는 수'는 7과 11의 곱인 77의 배수에 4를 더한 수이므로, 77의 배수 중에서 600보다 작은 수를 모두 구한다.

    77, 154, 231, 308, 385, 462, 539

2단계: 이 수에가 각각 4를 더한다.

    81, 158, 235, 312, 389, 466, 543

3단계: 이 중에서 9로 나누어 3이 남는 수를 찾는다.

    $81 = 9 \times 9 \cdots 0$ (×)
    $158 = 9 \times 17 \cdots 5$ (×)
    $235 = 9 \times 26 \cdots 1$ (×)
    $312 = 9 \times 34 \cdots 6$ (×)

389=9×43…2 (×)

466=9×51…7 (×)

543=9×60…3 (○)

따라서 남은 일꾼은 543(명)이다.

그러므로 도주한 일꾼은 600-543=57(명).

● 손해 보는 장사 《구일집》 제1권 2-3

> 지금 갑과 을 두 사람이 공동 출자하여 사업을 한다. 갑은 은 96냥을 내고, 을은 은 84냥을 냈다. 사업을 운영한 결과 30냥을 잃었다. 각각 얼마씩 잃었는가?

답: 갑 16냥, 을 14냥

풀이 방법: '그림 그리기' 전략으로 해결한다.

풀이 과정:

1단계: 96과 84의 최대공약수를 구한다.

$$\begin{array}{r|rr} 2 & 96 & 84 \\ \hline 2 & 48 & 42 \\ \hline 3 & 24 & 21 \\ \hline & 8 & 7 \end{array}$$

→ 96과 84의 최대공약수는 12

2단계: 96과 84를 각각 12로 나누어 간단한 비로 나타낸다.

  96:84 → 8:7

3단계: 8:7을 그림으로 그린다.

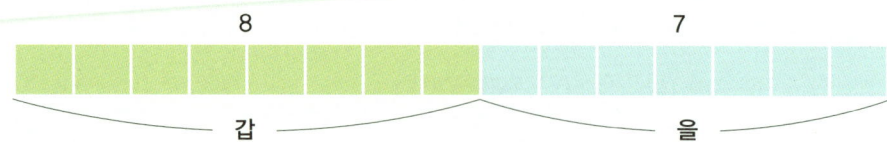

3단계: 사업을 운영하여 잃은 30냥을 처음에 출자한 비인 8:7로 갈라야
하는데, 이 그림에서 15등분한 한 칸에 2씩 넣으면 된다.

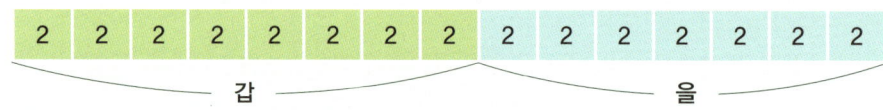

따라서 갑이 잃은 것은 16(냥), 을이 잃은 것은 14(냥).

• 산학 문제 풀기 시합 《구일집》 제1권 4-9

> 지금 견 25,1640자를 마군과 보군에게 나누어 주고자 한다. 다만 마군에게는 6명당 184자를 나누어 주고, 보군에게는 7명당 96자를 나누어 준다고 한다. 각각 몇 명에 얼마씩 나누어 주는가?

답: 마군과 보군 각각 5670명당

  마군 견 173880자, 보군 견 77760자

풀이 방법: '방정식 만들기'로 해결한다.

풀이 과정:

〈조선 시대 방법〉 본문에 있는 유수석의 설명 그대로.

〈현재 방법〉

1단계: 마군과 보군의 수가 같으므로, 두 군대의 수는 6과 7의 공배수가 되어야 한다.

2단계: 먼저 6과 7의 최소공배수가 42이므로 마군 6명당 받을 견 184자를 7배하여 마군 42명이 받을 견의 양을 구한다.

$7 \times 184 = 1288$

그 다음, 마찬가지로 보군 7명당 받을 견 96자를 6배하여 보군 42명이 받을 견의 양을 구한다.

$6 \times 96 = 576$

따라서 마군 42명과 보군 42명이 받을 견의 양을 모두 합하면,

$1288 + 576 = 1864$

3단계: 나누어 주려는 견의 양이 모두 251640자이므로, 이것을 1864로 나누어 42명씩 모두 몇 팀에게 줄 수 있는지 구한다.

$251640 \div 1864 = 135$

따라서 42명을 135배 한 5670명이 각각의 군사 수가 된다.

즉, 현재 마군은 5670명, 보군은 5670명이다.

4단계: 두 군대가 받을 견의 양을 각각 구한다.

　〈마군 전체가 받을 견의 양〉

마군 6명이 견 184자를 받으므로 5670명을 6명씩 묶는다. 그러면 5670÷6=945(팀)이 되고 한 팀당 견 184자를 받게 되므로, 마군 전체가 받을 견의 양은 184×945=173880(자)이다.

⟨보군 전체가 받을 견의 양⟩

보군 7명이 견 96자를 받으므로 5670명을 7명씩 묶는다. 그러면 5670÷7=810(팀)이 되고 한 팀당 견 96자를 받으므로, 보군 전체가 받을 견의 양은 96×810=77760(자)이다.

* 《구일집》에는 마군과 보군의 수가 똑같다는 조건이 빠져 있다. 하지만 《구일집》의 풀이 과정으로 보았을 때 마군과 보군의 수가 같아야 한다. 이 조건이 없으면 답이 나올 수 없으므로, 저자가 이를 빠뜨린 것으로 보아 우리 책에는 이 조건을 넣었다.

● **홍정하와 하국주의 대결** 《구일집》 제8권 1-15, 제9권 ⟨잡록⟩

> 새알(구)같이 생긴 옥이 한 덩어리가 있다. 그 속에 정육면체 모양을 제외한 껍질의 무게는 265근 15냥 5전이다. 껍질의 두께는 4치 5푼이라고 한다. 정육면체의 한 모서리와 옥돌의 지름은 각각 얼마인가?

답: 정육면체의 한 모서리는 5치, 옥돌의 지름은 14치

풀이 방법: '예상과 확인' 전략으로 해결한다.

풀이 과정:

〈조선시대 방법〉

1단계: 주어진 문장을 정리하여 다음과 같은 식으로 만든다.

(구의 부피)-(정육면체의 부피)=(껍질의 부피)

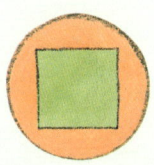

2단계: 정육면체의 한 모서리의 길이를 ■라 하여 각각의 식을 세운다. 그러면 구의 지름은 (■+9)가 된다.

(이 문제에서 '껍질의 두께'는 옥돌의 겉면에서 정육면체까지 이르는 거리 중에서 가장 먼 거리를 말한다.)

(정육면체의 부피)=■×■×■

(구의 부피)=$\frac{9}{16}$×(지름)×(지름)×(지름)

=$\frac{9}{16}$×(■+9)×(■+9)×(■+9)

(껍질의 부피)=$\frac{(무게)}{3}$ (*조선 시대에 무게를 부피로 바꾸는 방법)

1근=16냥이므로 껍질의 무게는 265×16+15.5=4255.5(냥)이다.

이것을 부피로 바꾸면 4255.5÷3=1418.5(냥)

원주율을 3이라 하면 위의 식은 다음과 같이 된다.

$\frac{9}{16}$×(■+9)×(■+9)×(■+9)-(■×■×■)=1418.5

3단계: '예상과 확인' 전략으로 ■ 안에 1,2,3……을 대입하여 ■를 구한다.

■=5

따라서 정육면체의 한 모서리의 길이는 5치이고, 옥돌의 지름은 14치.

* 《구일집》에는 식은 없고 단지 계산 절차와 정답만 나와 있다.

* 이 풀이는 《구일집》에 들어 있는 공식인 (구의 부피)=$\frac{9}{16}$×(지름)^{3}에 따라 구한 것이다.

⟨현재의 방법⟩

(구의 부피)=$\frac{3}{4}$×(원주율)×(반지름)^3

정육면체의 한 모서리의 길이를 ■라 하고 식을 세우면 다음과 같다.

(구의 부피)-(정육면체의 부피)=(껍질의 부피)

$\frac{4}{3}$×3.14×($\frac{▲+9}{2}$)×($\frac{▲+9}{2}$)×($\frac{▲+9}{2}$)-(■×■×■)=1418.5

이 식의 답을 정확히 구하려면 3차 방정식을 풀어야 하지만, '예상과 확인' 전략을 사용해서 근삿값을 구할 수 있다. 이때 ■는 약 5.5가 된다.

참고 문헌

김옥자, 〈묵사집산법과 17세기 조선 산학〉, 고려대학교 대학원 수학과 박사학위논문, 2009.
김용운·김용국, 《한국수학사》, 살림Math, 2009.
김창일·홍성사·홍영희, 〈조선 수학자 홍정하의 계보〉, 《한국수학사학회지》 제23권 제3호, 2010.
이장주, 《우리 역사 속 수학 이야기》, 사람의무늬, 2012.
장혜원, 《수학 박물관》, 성안당, 2010.
차종천, 《구일집(상·하)》 교우사, 2006.
최은아, 〈조선 산학의 교수학적 분석〉, 서울대학교 대학원 교육학 박사학위논문, 2013.
홍정하/강신원·장혜원 옮김, 《구일집(천·지·인)》, 사람의무늬, 2006.

사진 제공

23   《구일집》, 한국학중앙연구원
44   산가지 통, 국립민속박물관
88   포백척, 국립고궁박물관
145 황종척, 국립고궁박물관
163 《기하원본》, 숭실대학교 한국기독교박물관

조선 수학의 신, 홍정하

1판 1쇄 발행일 2014년 9월 15일
1판 6쇄 발행일 2021년 3월 15일

지은이 강미선
그린이 권문희

발행인 김학원
발행처 휴먼어린이
출판등록 제313-2006-000161호(2006년 7월 31일)
주소 (03991) 서울시 마포구 동교로23길 76(연남동)
전화 02-335-4422 **팩스** 02-334-3427
저자·독자 서비스 humanist@humanistbooks.com
홈페이지 www.humanistbooks.com
유튜브 youtube.com/user/humanistma **포스트** post.naver.com/hmcv
페이스북 facebook.com/hmcv2001 **인스타그램** @human_kids

편집주간 정미영 **편집** 윤홍 정은미 **디자인** 유주현 립어소시에이션
용지 화인페이퍼 **인쇄** 삼조인쇄 **제본** 정민문화사

ⓒ 강미선, 2014

ISBN 978-89-6591-248-4 73410

- 이 책은 저작권법에 따라 보호받는 저작물이므로 무단 전재와 무단 복제를 금합니다.
- 이 책의 전부 또는 일부를 이용하려면 반드시 저작권자와 휴먼어린이 출판사의 동의를 받아야 합니다.
- **사용 연령 8세 이상** 종이에 베이거나 긁히지 않도록 조심하세요. 책 모서리가 날카로우니 던지거나 떨어뜨리지 마세요.